Elizabeth Pantley
Fremdeln, Klammern, Trennungsangst

Elizabeth Pantley ist Expertin für sanfte, achtsame Erziehung. Ihre Bücher wurden in 24 Sprachen übersetzt. Sie ist selbst Mutter von vier Kindern und weiß aus eigener Erfahrung, welche Fragen Eltern bewegen. Weitere Erfolgstitel von Elizabeth Pantley sind „Schlafen statt Schreien", „Erziehen ohne Frust und Tränen" und „Ab ins Bett!" – alle im TRIAS Verlag erschienen. Elizabeth Pantley lebt in Seattle (Washington). Mehr über die Autorin erfahren Sie auf ihrer Website www.nocrysolution.com.

Die Dipl.-Grafik-Designerin **Daniela Sonntag** hat auch dieses Buch von Elizabeth Pantley illustriert. Mal humorvoll, mal liebevoll, mal mit Hintersinn und immer sehr aus dem Leben gegriffen bringen ihre Bilder das Thema Trennungsangst und die damit verbundenen Gefühle auf den Punkt. Daniela Sonntag lebt und arbeitet in Stuttgart.

David, dir widme ich dieses Buch,
zu Ehren des selbstbewussten, kompetenten jungen Mannes, der du geworden bist.
Jede Mutter wäre stolz, dich als Sohn zu haben.
Ich bin so froh, dass mir diese Ehre zuteil wird.

67 Trennungsangst in bestimmten Situationen

108 Wenn Eltern Trennungsangst haben

116 Trennungsangst-Störungen

121 Stichwortverzeichnis

123 Dank

Vorwort

Als Mutter von vier Kindern hatte auch ich mit dem Thema Trennungsangst zu tun. Meine älteste Tochter war ein wahres Klammerkind. Angela litt so stark unter Trennungsangst, dass wir erst einen Babysitter engagierten, als sie 10 Monate alt war. An diesem bedeutenden Tag hatte schon unsere Verabschiedung einen bitteren Beigeschmack: Als wir wegfuhren, presste Angela ihr kleines Gesicht und ihre Händchen gegen das Fenster und Tränen flossen über ihre Wangen. Eine Stunde später, wir waren gerade im Restaurant, rief der Babysitter an und bat uns, nach Hause zu kommen. Die ganze Zeit über war Angela vor dem Babysitter davongekrabbelt – sie ließ sich weder durch Spielzeug, Bücher noch Essen beruhigen – , sie weinte immer noch und es sah nicht so aus, als würde sie bald aufhören. Also fuhren wir wieder nach Hause. Sie stürzte in meine Arme und klammerte sich an mich, als wäre ich ihr Retter in der Not. Dieses Erlebnis ist ihr – und uns – so lange im Gedächtnis geblieben, dass wir in den folgenden Monaten abends nur zu dritt aus waren.

Als meine zweite Tochter, Vanessa, drei Jahre alt war, meldeten wir sie im Kindergarten an. Sie wollte nicht dorthin und tat ihre Meinung lautstark kund. Jeden Morgen das gleiche Spiel: Ich zog sie für den Kindergarten an, dann versteckte sie sich hinter dem Sofa und zog sich wieder aus, wobei sie ununterbrochen schrie, dass sie zu Hause bleiben wolle. Im Auto zog sie dann Schuhe und Strümpfe aus, womit sie mir sagen wollte, dass sie gar nicht daran dachte, auszusteigen und in den Kindergarten zu gehen. Wenn ich sie dann endlich wieder angezogen und in die Gruppe gebracht hatte, hielt sie sich an mir fest, weinte und bettelte darum, nicht dort bleiben zu müssen. Die Erzieher waren nett und gingen auf Vanessas Bedürfnisse ein. „Lassen Sie ihr Zeit", sagten sie. „Es wird schon werden." Aber es wurde nicht. Einen Monat später meldeten wir sie vom Kindergarten wieder ab und wagten erst ein halbes Jahr später einen zweiten Versuch.

Matthew, der Sohn einer Freundin, hatte eine so starke Abneigung gegen die Kita, dass er jeden Morgen in Panik geriet, wenn seine Mutter zur Arbeit ging. Er schrie ununterbrochen und klammerte sich an sie, wenn sie versuchte zu gehen. Die Erzieherin musste ihn wortwörtlich von seiner Mutter losreißen und ihn so festhalten, dass er ihr nicht hinterherlaufen konnte. Er aß kaum noch und wachte nachts häufig auf. Seine Mutter kündigte ihren Bürojob und arbeitete als Tagesmutter bei sich zu Hause, sodass Matthew bei ihr bleiben konnte. Er war glücklich. Sie war genervt und frustriert.

Ich bekam einen Brief von Cynthia, die eines meiner Bücher gelesen hatte und die ganz verzweifelt Hilfe suchte beim Umgang mit der Trennungsangst ihrer Tochter Anna – und ihrer eigenen. Cynthia hatte ihre Tochter noch nie bei einem Babysitter, bei der Kinderbetreuung im Fitnessstudio oder bei einer Freundin, ja noch nicht einmal bei ihren Eltern gelassen. Selbst wenn sie ihre Tochter bei ihrem Mann (einem ganz wunderbaren und tollen Vater) ließ, hatte sie ein flaues Gefühl im Magen und beeilte sich immer, möglichst schnell wieder nach Hause zu kommen. Anna und Cynthia litten beide unter Trennungsangst. Annas dritter Geburtstag stand kurz bevor. Cynthia war besorgt und fühlte sich in ihrer Unfähigkeit, sich von ihrer Tochter zu lösen, wie gelähmt.

Auch das Vorschuljahr meines jüngsten Sohnes, Coleton, war eine Herausforderung. Im ersten Monat klagte er jeden Morgen über Bauchschmerzen. Vor dem Gebäude musste ich ihn förmlich aus dem Auto locken und ihm Taschentücher mitgeben, damit er sich die Tränen trocknen konnte. Ich musste ihn bis in den Kindergarten bringen ... bis in die Gruppe ... bis an seinen Platz und ihm dann leise und verzweifelt beruhigende Worte und Versprechungen ins Ohr flüstern, bevor ich den Raum verließ. Doch egal was ich gesagt oder getan hatte, wenn ich beim Verlassen des Raumes nur einen einzigen Blick zurück warf, sah ich immer Tränen in seinen Augen und sein untröstliches Gesicht. Seine Erzieherin versicherte mir, dass es ihm wieder gut gehe, sobald ich erst einmal aus dem Blickfeld verschwunden sei, aber dieses üble Verabschiedungsritual hinterließ bei mir immer einen Kloß im Hals.

Liebe Leserin, liebe Freundin, ich weiß ganz genau, was in Ihnen vorgeht, wenn Ihr Kind an Trennungsangst leidet, denn ich habe es ja selbst erlebt.

Aber ich möchte Ihnen Mut machen, indem ich Ihnen erzähle, wie die Geschichten weitergingen:

- Meine erste Tochter, Angela, akzeptierte irgendwann die Babysitterin und hatte oft viel Spaß mit ihr. Jetzt studiert sie, lebt auf dem Campus und passt auf die kleinen Töchter ihres Professors auf.
- Vanessa ging letztendlich gern in die Kita und blühte dort auf, sie liebte ihre Erzieher und hatte viele Freunde. Jetzt besucht sie das College und hat dort einen Nebenjob im Studentenbeirat und ist manchmal tagelang nicht zu Hause.
- Matthews Mutter probierte viele Ideen der Trennungsangst-Testfamilien aus und hat wieder angefangen, im Büro zu arbeiten. Matthew ist damit ganz wunderbar zurechtgekommen und fühlte sich schließlich in seiner Kita so wohl, dass sie ihm zum zweiten Zuhause wurde.
- Anna ist mittlerweile dreieinhalb Jahre alt und verbringt einmal pro Woche einen schönen Abend mit ihrem Babysitter, während Cynthia und ihr Mann ausgehen; außerdem ist Anna zweimal pro Woche mit viel Freude in der Kinderbetreuung des Fitnessstudios und unternimmt regelmäßig Ausflüge mit ihren Großeltern. Cynthia und Anna genießen nun beide sowohl die gemeinsame als auch getrennte Zeit.

- Als mein kleiner Coleton solche Probleme in der Vorschule hatte, hatte ich bereits acht Elternratgeber geschrieben und kannte Testfamilien auf der ganzen Welt. Ich nutzte meine Kontakte und meine Rechercheerfahrung, um dieses Problem anzugehen, und entwarf eine Liste von Lösungsmöglichkeiten, die ich Ihnen hier vorstellen werde, darunter auch das magische Armband, das Sie im Kapitel „Trennungsangst bei Kindern ab 4 (Seite 40)" kennenlernen werden. Coletons Armband war die Lösung schlechthin für uns – es funktionierte, wie Hexerei! Sein restliches Vorschuljahr war ein voller Erfolg. Und heute ist er ein fröhlicher, ausgeglichener, aufgeschlossener Drittklässler, der gern zur Schule geht und gerade jetzt, während ich diese Zeilen schreibe, ein Wochenende bei seinem Freund verbringt.

Die Gründe für Trennungsangst sind vielfältig und diese Angst kann sowohl von kurzer Dauer sein als auch länger anhalten. Neugeborene weinen, wenn sie von ihren Eltern an einen lieben Verwandten weitergereicht werden. Babys sitzen vor der Badezimmertür, während die Mutter mit schlechtem Gewissen nur mal eben schnell unter die Dusche springen will. Kinder weinen beim Babysitter, wenn die Eltern zur Arbeit aufbrechen, vermissen den Elternteil, der woanders arbeitet oder auf Dienstreise ist, und arrangieren sich irgendwie mit der Trennung der Eltern (was bedeutet, dass sie immer Mama oder Papa zurücklassen müssen). Darüber hinaus verlassen Kinder ihre Eltern auch häufig, wenn sie selbst woanders hingehen: Manche müssen alleine ins Krankenhaus, andere fahren auf Ferienfreizeit und bei einer Trennung verlassen sie einen Elternteil, um bei dem anderen zu wohnen. Und dann sind da natürlich noch die nächtlichen Kämpfe, die auf der ganzen Welt ausgetragen werden, wenn Eltern versuchen, ihr ängstliches Kind davon zu überzeugen, die ganze Nacht allein im eigenen Bett und im eigenen Zimmer zu schlafen.

Ein Buch wie dieses hätte ich mir selbst bei meinen vier Kindern gewünscht, als es um ihre und meine eigene Trennungsangst ging. Ich freue mich sehr, Ihnen viele sanfte und hilfreiche Lösungsmöglichkeiten im Umgang mit Trennungsangst vorstellen zu dürfen, die dazu beitragen können, dass Sie und Ihr Kind sich fröhlich winkend und lachend mit einem „Tschüss" voneinander verabschieden werden.

Elizabeth Pantley

Alles über Trennungsangst

Was ist überhaupt Trennungsangst? Wie äußert sie sich?
Und wie können Sie Ihrem Baby oder auch älteren Kind helfen?

Trennungsangst in der frühen Kindheit

»Trennungsangst: (besonders bei Kindern)
Angst vor dem Verlust einer Bezugsperson.« (Duden)

Der Ursprung der Trennungsangst ist die Liebe, weshalb sie mit Umsicht und Respekt behandelt werden sollte. Die aus ihr resultierenden Probleme mögen vielfältig sein, sie können sich auf das gesamte Leben auswirken und die schönen Seiten der frühen Kindheit durch Tränen der Kinder und Frust bei den Eltern und Betreuungspersonen trüben. Trennungsangst ist ein komplexes Gefühl, das Wissen und Kenntnisse verlangt, um es korrekt erkennen und darauf eingehen zu können.

Wenn wir unser Neugeborenes zum ersten Mal im Arm halten, kennen wir es nicht, aber wir lieben es bereits. Das Baby kennt uns auch nicht, aber instinktiv weiß es, dass wir wichtig sind. Ab diesem ersten Kennenlernen bringt uns jede Handlung und jedes Wort einander näher. Mit der Zeit wird die Bindung stärker und unsere Liebe größer. Wir werden füreinander wichtig. Diese Bindung ist wie ein Kraftkleber: je länger die Klebeflächen in Kontakt sind, umso besser halten sie zusammen. Als Eltern bemühen

wir uns sehr, in der ersten Zeit mit unseren Kleinen solch eine Bindung aufzubauen, und wir sind überglücklich, wenn wir die Ergebnisse unserer Bemühungen sehen: ein zahnloses Lächeln nur für uns, ein Kleinkind, das in unsere Arme gerannt kommt, eine spontane Umarmung, ein heiteres Lachen über einen Witz. Das sind die Früchte einer gut gepflegten Beziehung.

Vertrauensvoll und unschuldig nehmen unsere Kinder diese besondere Beziehung als wesentlichen Bestandteil ihrer Welt in sich auf. Unsere Anwesenheit wird ein Teil ihres Lebens, so selbstverständlich wie das Atmen. Dass es uns gibt, steht für Normalität und Sicherheit und zeigt unseren Kindern, dass in ihrer kleinen Welt alles in Ordnung ist.

Was aber geschieht, wenn man dieses Sicherheitsnetz entfernt? Was passiert, wenn Mama oder Papa weggehen und das Kind bei jemandem lassen, der nicht so vertraut ist? Das Kind fühlt sich unwohl, verloren, ist

Person sind, mehr als alles oder jeder andere auf dieser Welt. Für Ihr Kind sind Sie ein Superheld!

Warum gibt es Trennungsangst?

Es ist vollkommen logisch, dass Kinder unter Trennungsangst leiden, wenn sie von ihrer Hauptbezugsperson getrennt werden. Es liegt in der Natur des Menschen, auf Angst, in Gefahrensituationen und unter Stress entweder mit Flucht oder Angriff zu reagieren (auch als „fight or flight" bekannt). Diese Möglichkeiten sind natürlich keine Option für Babys und kleine Kinder, die ja noch gar nicht die körperlichen und geistigen Fähigkeiten haben, zu fliehen oder sich zu verteidigen. Sie müssen sich daher auf vertrauenswürdige Erwachsene verlassen, die sie vor allen Arten von Gefahren beschützen. Anstelle der „Flucht oder Angriff"-Strategie ist es also wichtig, Mama, Papa oder die Hauptbezugsperson in ihrer Nähe zu wissen, die sie beschützen wird. Hier zeigt sich die instinktive Gewissheit der Kinder, dass nämlich die Eltern der Rettungsanker sind. Diese Gewissheit bewahrt sie vor allen möglichen Bedrohungen körperlicher und emotionaler Art. Je gestresster oder besorgter ein Kind ist, umso näher möchte es bei seinen Eltern sein. Dieses Bedürfnis äußert sich ganz deutlich in der abwehrenden Reaktion eines Kindes, wenn es einem Fremden in den Arm gegeben wird, wenn es in einer neuen Situation ist oder aber wenn es müde oder krank ist.

Je älter Kinder werden, desto mehr lernen sie über die Welt und wie sie funktioniert. Gab es mehrere gelungene Abschiede, sichere Trennungssituationen und danach

besorgt und versucht verzweifelt, bei dem Menschen zu bleiben, der sein sicherer Hort ist. Das Ergebnis sieht man täglich in allen Kindergärten, auf Schulhöfen, bei Familienfeiern oder Geburtstagen: Ein weinendes Kind klammert sich ganz fest an seine Eltern, die es hilflos davon zu überzeugen versuchen, loszulassen und Spaß zu haben.

In den ersten sechs Lebensjahren haben fast alle Kinder die eine oder andere Form von Trennungsangst. Es ist eine normale und vorhersehbare Reaktion darauf, dass die Kinder fürchten, das wichtigste Element ihres Lebens zu verlieren.

Wenn Sie versuchen, die Trennungsangst Ihres Kindes in den Griff zu bekommen, sind Sie womöglich schnell irritiert und frustriert. Dennoch: Haben Sie keine Angst davor und wünschen Sie sich nicht, es gäbe sie gar nicht, denn die Trennungsangst ist der offenkundige Beweis, dass Ihr Kind Sie liebt und Ihnen vertraut! Sie zeigt, dass Sie für Ihr Kind Sicherheit, Schutz und Geborgenheit in glückliche Wiedersehen, verstehen die Kleinen mit der Zeit, dass sie den sicheren Hafen namens Mama oder Papa verlassen und sich weiter weg bewegen können, ohne sich vor Gefahren oder schwierigen Situationen fürchten zu müssen. Diesen Entwicklungsschritt können Sie weder erzwingen noch Ihrem Kind beibringen. Es ist alles eine Frage der Zeit und der Erfahrung.

Wie entsteht Trennungsangst?

Es gibt keine bestimmte „Ursache" für Trennungsangst. Sie ist ein absolut normaler und wichtiger Teil der emotionalen und geistigen Entwicklung Ihres Kindes. Nichts, was Sie getan haben, hat die Trennungsangst Ihres Kindes „verursacht" und es gibt nichts, was Sie hätten tun können, um die Trennungsangst in ihrer Gänze zu verhindern.

Auch wenn kein konkretes Ereignis die Trennungsangst ausgelöst hat, können doch bestimmte Verhaltensweisen der Betreuungsperson die normale Angst des Kindes verschlimmern oder mildern. Vieles kann das Vertrauen Ihres Kindes in die Welt und in die Beziehung zu Ihnen stärken. Dadurch kann Ihr Kind dieses Vertrauen auch anderen Erwachsenen entgegenbringen, die ihm Sicherheit und Geborgenheit vermitteln, wenn es nicht in seinem gewohnten Umfeld ist.

Beinahe alle Kinder haben irgendwann einmal in ihrem Leben Trennungsangst. Manche früher und vielleicht nur wenige Monate lang. Andere später und vielleicht auch nach einer längeren Phase, in der es keine Probleme gab. Bei einigen taucht die Trennungsangst nur kurz auf und verschwindet schnell und von selbst wieder, bei anderen hält sie länger an, wobei es scheinbar Spitzen gibt, nach denen die Angst dann wieder abebbt und später erneut auftaucht. Einige Kinder zeigen ihre Gefühle sehr deutlich, intensiv und offensichtlich, bei anderen sind sie weniger offenkundig. Es gibt kein festgelegtes Muster, obwohl es je nach Alter spezifische Zeichen und Symptome gibt.

Wenn Trennungsangst auftritt, bedeutet das auch, dass sich Ihr Kind intellektuell weiterentwickelt hat. Es hat gelernt, dass es einen Einfluss auf die Welt ausüben kann, indem es seine Bedürfnisse kundtut, und dass es eine unangenehme Situation nicht passiv über sich ergehen lassen muss. Aber noch hat Ihr Kind nicht genügend Erfahrung, um zu wissen, dass Sie wirklich immer wieder zurückkommen werden oder dass auch andere Erwachsene sich so um seine Bedürfnisse kümmern können, wie Sie es tun. Es hat gelernt, dass es bei Ihnen am sichersten und schönsten ist und dass Sie sich am besten um seine Bedürfnisse kümmern. Da ist es doch absolut verständlich, dass Ihr Kind sich nicht von Ihnen lösen möchte, gerade vom Standpunkt des eigenen Überlebens aus. Anders ausgedrückt sind Sie die Quelle für Nahrung im wörtlichen und im übertragenen Sinne; Ihr Kind bindet sich an Sie, um zu überleben, und ab einem bestimmten Punkt der Gehirnentwicklung versteht Ihr Kind das auch.

Wie so oft in der Kindheit geht auch diese Phase vorüber. Im Laufe der Zeit wird Ihr Kind verstehen, dass es auch ohne Sie sein kann, dass Sie zurückkommen und dass in der Zwischenzeit alles gut ist.

Was bestimmt den Grad der Trennungsangst?

Auch wenn die meisten Kinder irgendwann in ihrem Leben Anzeichen für Trennungsangst zeigen, lässt sich nicht vorhersagen, wann oder wie sie sich bei genau Ihrem Kind äußern wird. Zeitpunkt und Intensität der Anzeichen und Symptome sind von Kind zu Kind verschieden und hängen von vielen Faktoren ab, zum Beispiel:

- einer zuverlässigen zweiten Betreuungsperson, zu der das Kind eine familiäre Beziehung und eine liebevolle Bindung aufbaut
- Ort und Situation, in denen Sie Ihr Kind zurücklassen, die ihm vertraut sind
- Anzahl und Art der vorangegangenen Trennungssituationen
- kulturellen Normen (wie sie in der Gesellschaft, in der Sie leben, üblich sind)
- Der Tagesablauf in der Familie (was in der Kernfamilie des Kindes und im weiteren familiären Umfeld üblich ist)

- Temperament und Persönlichkeit des Kindes
- Persönlichkeit und Erziehungsstil der Eltern

Was ist Fremdeln?

Fremdeln ist eine Form der Trennungsangst, die sich immer auf Menschen und nicht auf Orte oder Handlungen bezieht. Sie gründet in denselben Gefühlen, die auch die Trennungsangst auslösen – die Hauptbezugsperson schenkt dem Kind Sicherheit und Geborgenheit, während Fremde für die Angst vor dem Unbekannten stehen. Das Fremdeln beruht auf der Unfähigkeit des Kindes, vorherzusehen, was ein Fremder machen wird: Was wird er tun oder sagen? Welche Rolle spielt er in meinem Leben? Wird er mich von meiner Mutter, meinem Vater oder meiner Betreuungsperson wegnehmen? Kann er auf mich aufpassen? Stellt er eine Gefahr für mich dar oder beschützt er mich?

Ihr Baby mag von Geburt an kontaktfreudig sein und alle anlächeln, die mit ihm sprechen. Doch einige Monate später reagiert es plötzlich ganz anders. Es klammert sich an Sie und weint schon, wenn jemand Fremdes nur Hallo sagt. Was ist bloß mit Ihrem

... wie eine Karussellfahrt

Das Wesen des Menschen versteht man erst, wenn man begreift, warum ein Kind auf einem Karussell bei jeder Runde seinen Eltern winkt – und warum sie jedes Mal zurückwinken. (William D. Tammeus, Journalist und Pulitzer-Preisträger)

selbstsicheren Kind passiert? Freuen Sie sich! Es hat einen wichtigen Meilenstein in seiner Entwicklung erreicht! Es zeigt Ihnen, dass Sie alles richtig gemacht haben. Das Fremdeln ist der Beweis für die enge Bindung zwischen Ihnen beiden.

Wann tritt Fremdeln gewöhnlich auf?

Bindung und Bonding, die beiden Bestandteile des Fremdelns und der Trennungsangst, entwickeln sich direkt nach der Geburt. Ein Neugeborenes kommt zur Welt, ohne die Menschen darin zu kennen. Zwischen dem zweiten und dem sechsten Lebensmonat lernt es die wichtigsten Regeln im Umgang mit Menschen kennen. Meistens erfährt es, dass man sich um seine Bedürfnisse kümmert, sodass es wachsen und gedeihen kann. Zwischen dem fünften und neunten Monat, manchmal auch früher, kann ein Kind ver-

schiedene Menschen unterscheiden. Es erkennt vertraute Personen und alle anderen sind – Fremde. Auf diese Erkenntnis reagiert jedes Kind anders, manche sind neugierig, andere zurückhaltend und einige haben eine regelrechte Abneigung gegen jeden, der nicht zur engeren Familie gehört. All diese Reaktionen sind normal – so wie auch die meisten extremeren Varianten davon.

Wie lange hält die Fremdelphase an?

Viele Experten sind der Meinung, dass die Hochphase des Fremdelns um den 12. bis 18. Lebensmonat liegt und sie sich danach abschwächt. Meine eigene Erfahrung hat mich gelehrt, dass es nur selten so früh und so einfach vorbeigeht. Kinder haben bis zum Alter von sieben oder acht Jahren oft immer wieder Phasen von Trennungsangst oder Fremdeln. Je nach Alter äußert sich diese unterschiedlich

und aus einem schüchternen Kind wird nicht über Nacht ein offenes Wesen, sondern es entwickelt sich nur ganz allmählich. Ihr Kind verhält sich vielleicht unvorhersehbar und launisch – der eine Fremde wird als möglicher Freund angesehen, vor dem nächsten versteckt es sich hinter Ihrer Schulter, und manchmal bricht es unvermittelt in Tränen aus, wenn es von jemandem auf den Arm genommen oder gestreichelt wird. Mit der Zeit lernt Ihr Kind aber, dass es gar nicht gefährlich ist, sich mit fremden Menschen zu unterhalten, sondern meist sogar ganz lustig und schön. Die einen Kinder brauchen dafür länger als die anderen. Mit Ihrer Geduld unterstützen Sie Ihr Kind bei diesem Entwicklungsschritt.

Wie kann ich mein Kind in dieser Phase unterstützen?

Fremdeln ist zwar normal und gesund und kann einige Zeit anhalten, aber Sie sollten Ihr Kind dennoch in dieser Phase unterstützen. Das Leben ist schöner, wenn Ihr Kind lernt, sich unter neuen Menschen wohl zu fühlen. Es kann Ihrem Kind helfen, wenn Sie ihm zeigen, dass eine Trennung nicht weg von Ihnen, sondern hin zu anderen Menschen bedeuten kann.

Die Vorschläge in diesem Buch lassen sich auf alle Arten der Trennungsangst anwenden, auch auf die Unterform des Fremdelns, wobei die Abgrenzung nicht immer leicht ist. Die meisten hier vorgestellten Ideen helfen Kindern sowohl bei Trennungsangst als auch in der Fremdelphase.

Woran erkenne ich, ob mein Kind fremdelt?

Fremdeln äußert sich ganz verschieden, aber Eltern erkennen an den folgenden Punkten meist recht sicher, ob ihr Kind fremdelt:

- Anhänglichkeit
- Weinen, sobald ein Elternteil außer Sichtweite ist
- Ein Elternteil wird allen anderen Menschen vorgezogen
- Angst vor Fremden oder vor Familienangehörigen und Freunden, die man nicht regelmäßig sieht
- Möchte sich nachts oder für den Mittagsschlaf nicht von den Eltern trennen
- Nächtliches Erwachen und Rufen
- Rückfall in frühere Verhaltensweisen (wie zum Beispiel Daumennuckeln, Einnässen, Babysprache)
- Die Angst verfliegt, sobald die Eltern wieder da sind

. . . .

Adam, Vater von Seth, 1 Jahr, und Claire, 6 Jahre

Seth ist so ein Mama-Kind!

>> *Ich machte mir wirklich Sorgen um unseren Sohn. Er hängt wie eine Klette an seiner Mutter. Wenn sie aus dem Zimmer geht, jammert und schreit er, als würde sie das Land verlassen. Ich habe das den anderen Vätern beim Baseballspiel meiner Tochter erzählt und sie sagten, dass es bei ihnen hin und wieder genau das Gleiche sei. Es ist also vollkommen normal – ich bin beruhigt.* <<

. . . .

Jedes Kind ist anders, aber oft zeigen Kinder ihre Angst auf ähnliche Weise. Ich habe meine 246 Testfamilien dazu genauer befragt. Hier die Antworten:

Trennungsangst: Anzeichen, Symptome und Verhaltensweisen*

Symptome/Anzeichen	Alter	Tritt häufig auf	Tritt manchmal auf	Tritt niemals auf**	Tritt überhaupt auf
Weinen, wenn die Eltern aus dem Zimmer gehen	6–11 Monate	25%	38%	12%	63%
	1–2 Jahre	5%	21%		26%
	2–3 Jahre	3%	11%		14%
	3–5 Jahre	2%	5%		7%
Weinen, wenn die Eltern aus dem Haus gehen	6–11 Monate	33%	18%	18%	51%
	1–2 Jahre	11%	27%		38%
	2–3 Jahre	5%	11%		16%
	3–5 Jahre	2%	6%		8%
Klammert sich an einen Elternteil	6–11 Monate	33%	29%	9%	62%
	1–2 Jahre	8%	20%		28%
	2–3 Jahre	5%	10%		15%
	3–5 Jahre	3%	7%		10%
Geht den Eltern von Zimmer zu Zimmer nach	6–11 Monate	28%	19%	9%	47%
	1–2 Jahre	7%	22%		29%
	2–3 Jahre	5%	9%		14%
	3–5 Jahre	4%	4%		8%
Fremdelt	6–11 Monate	13%	21%	56%	34%
	1–2 Jahre	8%	10%		18%
	2–3 Jahre	6%	9%		15%
	3–5 Jahre	2%	6%		8%
Schüchtern gegenüber Fremden	6–11 Monate	31%	20%	15%	51%
	1–2 Jahre	7%	19%		26%
	2–3 Jahre	7%	14%		21%
	3–5 Jahre	6%	12%		18%
Zieht die Mutter allen anderen Personen vor	6–11 Monate	52%	21%	13%	73%
	1–2 Jahre	16%	10%		26%
	2–3 Jahre	11%	8%		19%
	3–5 Jahre	4%	9%		13%
Schläft nur ein, wenn ein Elternteil anwesend ist	6–11 Monate	53%	19%	24%	72%
	1–2 Jahre	18%	31%		49%
	2–3 Jahre	17%	21%		38%
	3–5 Jahre	9%	16%		25%
Weicht den Eltern auf dem Spielplatz, in der Öffentlichkeit oder bei einem Spielfreund nicht von der Seite	6–11 Monate	12%	14%	59%	26%
	1–2 Jahre	9%	19%		28%
	2–3 Jahre	5%	11%		16%
	3–5 Jahre	3%	9%		12%

* Antworten der Testfamilien, die an dieser Umfrage teilgenommen haben
** bezogen auf alle Altersgruppen

Ich bat die Testfamilien, in eigenen Worten zu beschreiben, wie sie sich bezüglich der Trennungsangst ihres Kindes gewöhnlich fühlen.

Hier finden Sie die Angaben in Prozent:
- 90% sind frustriert
- 70% sind traurig
- 70% leiden mit
- 60% sind durcheinander
- 60% sind besorgt
- 50% sind beunruhigt
- 40% sind wütend
- 30% ist es unangenehm
- 20% sind verärgert
- 15% haben Verständnis

Trennungsangst kommt und geht

Die Trennungsangst kennt keinen bestimmten Anfang und kein exaktes Ende. Man kann sie nicht vorhersehen oder klar erkennen. Sie kommt und geht – es gibt gute und schlechte Tage, gute und schlechte Wochen und sogar schlechte Wochen nach einigen guten Jahren. Trennungsangst kommt zwar in bestimmten Situationen vor und zeigt sich auf typische Weise, aber doch äußert sie sich bei jedem Kind ein wenig anders.

Für Eltern kann es ziemlich verwirrend sein, wenn ihr Kind erst zuversichtlich ist, dann plötzlich ängstlich, dann wieder offen und immer so fort, aber dieses unvorhersehbare Verhalten ist vollkommen normal. Um vertrauensvoll in die verschiedenen Trennungssituationen zu gehen, braucht es Reife und gewisse Fähigkeiten, die nicht über Nacht entstehen, sondern die sich mit der Zeit entwickeln.

Möchte sich ein Vorschulkind nicht von seinen Eltern oder einem anderen geliebten Erwachsenen trennen, ist das ein gutes Zeichen für eine funktionierende Bindung. Viele Experten glauben, dass dieses Verhalten auf eine gesunde Persönlichkeit und ein zufriedenes Leben als Erwachsener schließen lässt.

Muss ein Kind fremdeln?

Manche Kinder scheinen recht früh zu verstehen, dass ihnen prinzipiell jeder Erwachsene Sicherheit und Schutz bieten kann. Diese Kinder sind erstaunlich anpassungsfähig und zeigen keinerlei Trennungsängste. Neue Situationen machen ihnen keine Angst und sie freunden sich mit Menschen jeden Alters an. Ihnen muss man eher den nötigen „Respekt vor Fremden" beibringen, damit sie nicht einfach mit jedem im Park oder im Einkaufszentrum mitgehen.

Einigen Kindern sieht man ihre Trennungsangst nicht an – dennoch ist sie da. Ein weinendes Kind, das sich an einem festklammert, kann anstrengend sein, aber ein still vor sich hin leidendes Kind ist eine riesige Herausforderung, denn seine Angst kann, leise vor sich hinschwelend, kaum wahrnehmbar sein.

Beinahe alle Kinder sind in neuen Situationen ängstlich, so wie auch allen Erwachsenen am ersten Arbeitstag oder beim Umzug in eine neue Gegend ein wenig mulmig ist. Deshalb sollten Sie sich die Ideen in diesem Buch durchlesen und ruhig ausprobieren, auch wenn Ihr Kind keine sichtbaren Anzeichen für Trennungsangst zeigt.

Wenn Sie mehrere Kinder haben, sind diese wahrscheinlich sehr unterschiedlich: Ein Kind hat vielleicht gar keine Angst, eins lässt nur leise Anzeichen erkennen und das andere zeigt verschiedene Zeichen der Angst. Diese Charakterzüge sind angeboren und werden durch verschiedene äußere Einflüsse geprägt, von denen nur wenige mit den Eltern zu tun haben. In einer Familie mit mehreren Kindern gibt es also für gewöhnlich eine ganze Bandbreite an Ängsten und deren Ausprägung. Deshalb ist es für Eltern und Betreuungspersonen so wichtig, die Bedürfnisse jedes Kindes individuell zu betrachten, um genau diesem Kind bestmöglich beim Umgang mit der Trennungsangst zu helfen.

Behüten Sie Ihr Kind auch emotional

Eltern verlieren sich leicht in ihrer Interpretation des kindlichen Verhaltens. Sie werden Zeuge von inakzeptablem Verhalten – von Schreien oder Wutanfällen bei belanglosen Dingen wie einem Besuch der geliebten Großeltern – und können nicht verstehen, was da vor sich geht. Doch betrachten Sie es mal aus Sicht des Kindes:

- Kinder haben nicht absichtlich Trennungsangst.
- Kindern macht es keinen Spaß, unter Trennungsangst zu leiden.
- Kinder würden liebend gern auf ihre Trennungsangst verzichten.
- Kinder wissen nicht, wie sie die Trennungsangst loswerden können.

Trennungsangst bricht ungebeten über ein Kind herein und verschwindet nicht so leicht wieder. Die Gefühle sind nun mal da und Ihrem Kind hilft es schon, von Ihnen einfach nur verstanden zu werden. Für Ihr Kind ist es beruhigend zu wissen, dass seine Gefühle normal sind und dass Sie es lieben und an es glauben, auch wenn es kämpft, weint und sein Verhalten Ihr Leben belastet.

Natürlich kann es immer wieder vorkommen, dass sich Ihr Frust auch in Worten und Taten niederschlägt, schließlich sind Sie ja auch nur ein Mensch. Verzeihen Sie sich diese Fehler und arbeiten Sie daran, die Gefühle Ihres Kindes im Großen und Ganzen liebevoll und unterstützend anzunehmen. Das bedeutet nicht, dass Ihr Kind mit seinem Verhalten Ihr Leben bestimmen sollte oder dass Sie ihm nicht helfen sollten, es zu verändern. Es bedeutet nur, dass Sie einfühlsam und freundlich auf seine Gefühle eingehen.

Sollte man bewusst Trennungen herbeiführen?

Trennungen bieten Wachstumschancen, aber sie sind nur ein Teil im riesigen Puzzle der frühen Kindheit. Eine einzige Trennungssituation entscheidet nicht über das restliche Leben Ihres Sohnes oder Ihrer Tochter. Ob Sie nun eine bestimmte Situation angehen oder auslassen, hat keine langfristigen Auswirkungen auf das Leben Ihres Kindes. Es ist die Summe vieler solcher Situationen, die Ihr Kind auf dem Weg vom vollkommen abhängigen Neugeborenen bis hin zu seiner Heirat prägt.

Wollen Sie die Trennungsfähigkeit Ihres Kindes trainieren, kommt es auf das richtige Timing an. Manchmal bringt es nichts außer schlechter Stimmung, solche Situationen zu forcieren. Und dann wiederum mag die Zeit reif sein für eine neue Trennungssituation, die vielleicht zunächst holprig beginnt, dann aber doch in einer wunderbaren Lernerfahrung endet.

Wenn Sie Ihr Kind zur richtigen Zeit mit den passenden Mitteln dabei unterstützen, vertrauensvoll eine Trennungssituation anzugehen, können Sie ihm viel fürs Leben mitgeben:

- wie es seine Gefühle in verschiedenen Situationen kontrollieren kann
- wie es damit umgeht, geliebte Menschen zu vermissen
- wie es weiß, dass man weiterhin geliebt wird, auch wenn man gerade nicht zusammen ist
- wie positive Selbstgespräche bei emotionalen Herausforderungen oder Ängsten helfen können
- wie unbekannte oder unangenehme Situationen trotz aller Angst durchgestanden werden können
- wie frühere Erfolgserlebnisse deutlich machen können, dass Angst überwunden werden kann
- wie man die Erfahrung machen kann, dass man sich selbst genug sein kann

Trennungsangst, die gar keine ist

Manchmal glaubt man, ein Kind leide an Trennungsangst, weil einige Gefühle und Situationen leicht damit zu verwechseln sind. Schauen Sie sich die folgende Liste an und überlegen Sie, ob eine der Situationen auf Ihr Kind zutrifft. Es kann sein, dass Ihr Kind sowohl die beschriebenen Gefühle hat als auch an Trennungsangst leidet. Nur Sie können Ihr Kind richtig einschätzen. Allerdings lässt sich das Verhalten eines Kindes leicht fehldeuten, deshalb schauen Sie bitte ganz genau hin.

Veränderungen im Tagesablauf des Kindes:
Sie können zu Verhaltensweisen führen, die nach Trennungsangst aussehen, es aber nicht sind. Beispielsweise ist es ein Zeichen von Trennungsangst, wenn ein Kind nicht alleine

schlafen möchte. Aber nicht alle Kinder, die nicht alleine schlafen wollen, leiden auch an Trennungsangst. Wer es nicht anders kennt, als mit den Eltern oder Geschwistern gemeinsam zu schlafen, ist schlichtweg an ein gemeinsames Schlafen gewöhnt und findet das Alleineschlafen beunruhigend. Auf meiner Webseite www.nocrysolution.com und in jedem meiner Bücher zum Thema Schlaf finden Sie Tipps, wie Sie Ihr Kind beim Übergang vom Familienbett zum Alleineschlafen unterstützen können.

Fehlende Erfahrungen oder verzögerte Anpassung: Wenn Ihr Kind noch nie einen Babysitter hatte, keine Spielverabredungen kennt oder nur selten neue Menschen kennenlernt, können diese Situationen natürlich unbehaglich sein. Hier handelt es sich aber mehr um fehlende Erfahrungen als um Trennungsangst und es braucht Möglichkeiten und Geduld, um sich daran zu gewöhnen.

Schüchternheit: Wenn sich Ihr Vorschulkind hinter Ihnen versteckt oder Ihrem Bekannten nicht freundlich Hallo sagen möchte, Ihr Kleinkind sich von der netten Verkäuferin, die ihm einen Aufkleber schenkt, abwendet oder Ihr Baby weint, sobald eine ihm nicht bekannte Tante es auf den Arm nimmt, ordnen Sie dieses Verhalten vielleicht als Trennungsangst oder Fremdeln ein. Ebenso gut kann es sich aber auch um ein schüchternes Kind handeln, dass sich bei Fremden nicht wohl fühlt oder das zurückhaltend ist und einfach etwas länger braucht, bis es auftaut.

Angst: Ein Kind, das sich an Sie klammert, wenn Sie es allein im dunklen Schlafzimmer lassen wollen, ein Kleinkind, das Ihnen auf dem Spielplatz nicht von der Seite weicht, oder ein älteres Kind, das nicht in den Sportverein gehen oder mit dem Fahrrad zur Schule fahren will – die Ängste dieser Kinder können leicht als Trennungsangst fehlgedeutet werden. Angst vor der Dunkelheit, vor Monstern, dem Unbekannten oder davor, sich weh zu tun – all dies kann dazu führen, dass sich Ihr Kind scheinbar nicht von Ihnen lösen will, dabei braucht es nur Schutz vor dem Grund seiner Angst, und dieser Schutz sind Sie. Helfen Sie Ihrem Kind, diese Ängste zu überwinden, und sprechen Sie mit ihm darüber.

Sorgen: Vielleicht hat Ihr Sohn oder Ihre Tochter von einem Flugzeugabsturz gehört, von einer vermissten Person, von Krieg oder anderen Katastrophen. Er hat sich womöglich auch mit einem Freund unterhalten, dessen Eltern sich gerade getrennt haben oder dessen Opa gestorben ist. In diesen Momenten wird einem Kind klar, dass es keine Kontrolle über Sie hat, wenn Sie nicht da sind, und die Lösung liegt nahe: Es muss einfach die ganze Zeit bei Ihnen bleiben! Trifft dies auf Ihr Kind zu, reden Sie mit ihm über seine Ängste. Erklären Sie genau, wie Sie auf sich aufpassen. Vielleicht darf es Sie auch anrufen oder Ihnen eine SMS schreiben, wenn diese Angst auftritt? Bleiben Sie gelassen und zuversichtlich, dann geht diese Phase bald vorbei.

Scham: Ihr bislang glückliches Kindergartenkind möchte plötzlich zu Hause bleiben. Ihr Vorschulkind weicht Ihnen noch nicht einmal von der Seite, um die Bibliothekarin, die es gut kennt, nach einem Buch zu fragen. Ihr Grundschulkind antwortet nicht auf ein „Wie geht's?" vom Nachbarn. Hier mag Verlegenheit oder Scham die Ursache sein.

Stellen Sie einige Warum-Fragen, um herauszufinden, ob etwas vorgefallen ist, was das Verhalten Ihres Sohnes oder Ihrer Tochter erklärt. Vielleicht wurde Ihr Kind für eine gestellte Frage ausgelacht oder es hat sich auf dem Weg von der Schulbücherei ins Klassenzimmer verlaufen. Wenn Sie den Grund herausfinden, können Sie darüber sprechen. Versichern Sie Ihrem Kind, dass so etwas jedem passieren kann, dass seine Gefühle normal sind, und helfen Sie ihm über diese unschönen Erlebnisse hinweg.

Ist die Trennungsangst Ihres Kindes ein Problem?

Hin und wieder geht es nicht anders und Kinder müssen sich von ihren Eltern trennen. Manchmal jedoch ist eine Trennung zwar möglich, aber nicht unbedingt nötig. Ich kenne jedenfalls keine Studie, die nahelegen würde, dass das absichtliche Herbeiführen einer Trennung von Eltern und ihren Kindern die persönliche Entwicklung fördert. Jedes Kind, jede Familie ist einzigartig. Wie man mit Trennungsangst umgeht, sollte daher sowohl auf das Kind als auch auf die jeweilige Situation abgestimmt werden.

Wie in all meinen Büchern geht es auch in diesem darum, Lösungen für solche Probleme zu finden, die für Sie tatsächlich auch ein Problem darstellen. Jede Familie hat in Sachen Trennungsangst andere Bedürfnisse. Nur weil sich ein Kapitel mit dem Thema Babysitter (Seite 34) befasst, heißt das nicht, dass Sie einen engagieren müssen. Wenn es für Sie in Ordnung ist, Ihr Kind abends mitzunehmen – dann los, tun Sie das. Nur weil es in einem anderen Kapitel darum geht, wie man einem Kind die Eingewöhnung erleichtern kann, heißt das nicht, dass jedes Kind fremdbetreut werden muss. Es geht mir einzig und allein darum, Ihnen Anregungen zu geben, wie es besser klappen kann (Seite 80), wenn Ihr Kind eingewöhnt werden soll und Sie ihm gern helfen möchten, besser mit der Situation zurechtzukommen und insgesamt glücklicher zu werden. Wenn Sie aber entscheiden, Ihr Kind lieber bei sich zu behalten und nicht fremdbetreuen zu lassen, ist das vielleicht die beste Lösung für Sie. Viele Kinder gehen nie zu einer Tagesmutter oder in die Kita und gewöhnen sich dennoch, auch wenn sie etwas älter sind, problemlos an den Kindergarten, sind fröhlich und schließen viele Freundschaften. Woher ich das weiß? Ich hatte selbst so ein Kind!

....

Mama von Luke, 3 Jahre

Ich habe auf meinen Bauch gehört

>> *Ich bin Lehrerin und wollte in den Ferien eigentlich mehr Zeit mit meinem Sohn verbringen, aber jeder hat mir geraten, ihn lieber weiterhin in den Kindergarten zu bringen. Meine Freunde meinten, ich solle die Zeit „für mich nutzen". Es hat mich richtig Überwindung gekostet, Luke abzugeben, und ich war ganz traurig – und hatte Schuldgefühle. Irgendwie kam mir alles, was ich mir vorgenommen hatte, so sinnlos vor. Die „Zeit für mich" konnte ich überhaupt nicht genießen, also habe ich mich umentschieden und Luke zu Hause gelassen. Für uns beide war es so eine tolle Ferienwoche. Jetzt passe ich besser auf, wenn andere Leute angeblich wissen, was gut für uns ist.* <<

....

Halten Sie doch mal kurz inne und überlegen Sie, warum Sie glauben, dass Sie das Thema Trennung ausgerechnet jetzt angehen sollten. Geht es tatsächlich um die emotionale Entwicklung Ihres Kindes? Ist es wirklich für jeden in der Familie die allerbeste Lösung? Geben Ihnen vielleicht eigene Erfahrungen aus der Kindheit, Erzählungen anderer oder Sorgen um mögliche Nachteile zu denken oder handelt es sich tatsächlich um etwas, das Ihr Kind betrifft und jetzt aktuell ist?

Vermutlich gibt es auch viele Menschen, die der Meinung sind, dass Sie Ihrem Kind schaden, wenn Sie es Trennungssituationen und damit auch seiner Trennungsangst aussetzen. Wenn Sie aber für sich entschieden haben, dass für Ihr Kind die Zeit reif ist, einen Schritt in Richtung Loslösung zu gehen, sei es nun in einer Spielgruppe, bei einem Besuch ohne Sie bei anderen Kindern oder eben durch Fremdbetreuung, sollten Sie sich niemals von Kommentaren verunsichern lassen, wie: das sei nicht gut oder Sie seien eine Rabenmutter! Es ist wundervoll, ein Kind auf dem Weg zur Selbstständigkeit zu begleiten. Und es ist fantastisch, mal wieder einen Abend auszugehen, an einem Kurs teilzunehmen, zu arbeiten, sich mit Freunden zum Essen zu treffen oder einfach mal das Bad für sich alleine zu haben und das Kind in dieser Zeit bei einer liebevollen, kompetenten Person in guten Händen zu wissen. Auch Ihr Kind kann davon profitieren und daran wachsen: Es lernt, mit verschiedenen Menschen außerhalb der Familie eine Beziehung einzugehen.

Es gibt keine Patentlösung für irgendein Erziehungsproblem, so auch nicht für Trennungsangst. Ich biete Ihnen hier lediglich einen Strauß an Möglichkeiten, von denen Sie sich zur jeweiligen Situation eine oder zwei auswählen oder so miteinander kombinieren, dass ein Plan entsteht, der zu Ihnen

Lösen Sie nur die Probleme, die für Sie wirklich ein Problem sind

Für das Leben mit Kindern gibt es keine allgemeingültigen Regeln und für Erziehungsmethoden keine Gelinggarantie. Ziehen Sie Ihre Kinder so groß, wie Sie es für richtig halten. Innerhalb Ihrer Grenzen handeln Sie entsprechend den Bedürfnissen, der Persönlichkeit und den Temperamenten jedes Ihrer Kinder.
Kümmern Sie sich nur um das, was für Sie wirklich ein Problem darstellt, und machen Sie nichts zum Problem, nur weil jemand anders, egal ob Verwandter, Freund oder Experte, eines sieht. Behalten Sie Ihre Probleme im Blick und nehmen Sie sich ausreichend Zeit, das bestmögliche Vorgehen zu wählen. Gehen Sie Ihre Probleme an, indem Sie Lösungsmöglichkeiten abwägen und sich für die Lösungen entscheiden, die zu Ihnen und Ihrer Familie passen.
Es gibt nur selten den einen richtigen Weg und häufig muss man verschiedene Pfade einschlagen, um zum bestmöglichen Ergebnis zu gelangen.
Lesen Sie, hören Sie zu und bleiben Sie immer offen für neue Wege, aber filtern Sie von allem nur das heraus, was zu Ihren eigenen Überzeugungen und Ihrem persönlichen Erziehungsstil passt.

und Ihrem Kind passt. Dann passen Sie den Plan an und wandeln ihn ab, bis er für Sie zur besten Lösung wird. So funktioniert das im Leben mit Kindern am besten.

Behalten wir diesen wichtigen Punkt im Hinterkopf und fangen wir mit einem entscheidenden Grundsatz an, der Ihr Ausgangspunkt für das ganze Buch sein soll – und eigentlich auch für das ganze Leben. Dieser Grundsatz lässt sich auf fast jede Entscheidung im Bereich Elternsein anwenden, von jetzt an bis zu Ihren Enkeln und sogar Urenkeln.

Gloria, Mutter von Luke, 4 Jahre

Es brauchte Zeit, aber es hat funktioniert

》 *Luke war ein total anhängliches Baby. Ich konnte ihn nicht bei einem Babysitter lassen, konnte im Park nicht von seiner Seite weichen oder ihn allein im Zimmer lassen, ohne dass er in Tränen ausbrach. Ja, ich konnte noch nicht einmal alleine ins Bad gehen! Mir wurde vorgeworfen, seine Bedürfnisse zu stark in den Vordergrund zu rücken und ihn dadurch am Großwerden zu hindern – was für eine lächerliche Aussage! Seit wann muss ein Baby sich denn beeilen, erwachsen zu werden? Vor allem, weil ich doch bisher so viel für eine starke Bindung zwischen uns getan habe. Dieses Band ist für mich wertvoller als alles Geld der Welt.*

Dennoch hatte ich auch mal das Bedürfnis, abends nur mit Erwachsenen essen zu gehen oder ohne Kinderwagen zu joggen. Ich wusste nur nicht, wie ich das anstellen sollte, ohne dass Luke weint. Also beschloss ich, Sie als Expertin um Rat zu fragen, und das war eine gute Wahl!

Seitdem ich Ihre Vorschläge kenne, habe ich meinen Ansatz verändert. Ich bin geduldig und gehe auf ihn ein, gebe ihm aber auch Freiraum, wenn sich die Gelegenheit bietet. Wir haben die Trennungsspiele gespielt. Ich bin Schritt für Schritt vorgegangen und habe ihm immer wieder Sicherheit gegeben. Ich führe ihn langsam an neue Situationen heran, erkläre sie im Vorfeld und gewöhne ihn allmählich daran. Vor kurzem schenkte ich Luke sein eigenes magisches Armband, als er eine Nacht bei Oma schlief und es war wirklich wie Magie. Sie hatten eine schöne Zeit – ganz ohne Tränen!

Und nun ist Luke so selbstsicher, dass er die Tage zählt, bis er endlich ein Vorschulkind ist. Er geht auch gern in die Kinderbetreuung im Fitnessstudio – und auch überall anders hin, wann sich die Gelegenheit bietet. Er ist regelrecht aus sich herausgekommen. Jetzt bin ich wohl diejenige, die an Trennungsangst leidet! 《

Trennungsangst-Lösungen für kleine Kinder

Liebevolle Ideen, mit denen Sie Ihr Kind in den ersten Monaten und Jahren unterstützen und ihm bei seiner Trennungsangst helfen können.

Sobald Babys sich der Welt, in der sie leben, bewusst werden, gehen sie Beziehungen zu den Menschen in ihrem Umfeld ein. Schnell lernen sie, dass manche Menschen für ihr Wohlbefinden und Überleben unverzichtbar sind. Babys und Kleinkinder wissen jedoch noch nicht, warum und wie Personen verschwinden und wieder auftauchen, und wenn sie verschwunden sind, ist ihnen nicht klar, ob sie jemals wieder zurückkehren. Babys und Kleinkinder sehnen sich nach der Nähe der Menschen, die sie lieben, und um sich selbst vor einem möglichen Verlust zu schützen, greifen sie zu der einzig ihnen zur Verfügung stehenden Möglichkeit, ihre Gefühle auszudrücken: Sie weinen und klammern.

Sie können also die Trennungsangst als etwas Positives betrachten. Es ist vollkommen in Ordnung – es ist sogar ganz fantastisch, dass Ihr Kind so gut an Sie gebunden ist und dass es ständig bei Ihnen sein möchte. Es zeigt, dass das Band, an dem Sie so hart gearbeitet haben, hält. Ignorieren Sie alle, die anderes behaupten.

Mit der Zeit lernt Ihr Kleines, dass alles o.k. ist und sich auch andere Menschen während Ihrer Abwesenheit um seine Bedürfnisse kümmern können. Die Erfahrung wird ihm zeigen, dass Sie immer wieder zurückkommen. Das dauert natürlich ein Weilchen und bis dahin sollten Sie die Trennungsangst akzeptieren und einige der folgenden Ideen ausprobieren, die Ihr Kind bei der Überwindung seiner Ängste unterstützen können.

Guck-guck-Spiele mit Gegenständen

Dieses zeitlose Spiel bringt Ihrem Kind ein wichtiges Konzept nahe: Selbst wenn es Gegenstände nicht mehr sehen kann, sind sie noch da, und Dinge, die verschwinden, tauchen auch wieder auf. Diese Erkenntnis hilft, wenn Sie verschwinden und nicht mehr zu sehen sind. Nutzen Sie die Gelegenheit, wenn Sie mit Ihrem Kind spielen, und verstecken Sie Spielsachen unter einer Decke oder in einer Kiste, die Sie dann – tada! –

Lassen Sie Ihrer Fantasie freien Lauf: Die Puppen können auch mit dem Auto wegfahren, ins Büro oder einkaufen gehen oder dorthin, wohin Sie gehen, wenn Sie das Haus verlassen. Vergessen Sie nicht die ordentliche Verabschiedung und ein schönes Wiedersehen. Spielen Sie dieses Spiel häufig, damit Ihr Kind es verinnerlicht.

Guck-guck-Spiele mit Menschen

Eltern scheinen dieses Spiel ganz instinktiv zu spielen und es ist mehr als nur ein Zeitvertreib, denn Ihr Kind lernt dadurch eine ganze Menge. Diese Variante des Guck-guck-Spiels geht einen Schritt weiter und zeigt, dass Menschen noch da sind, selbst wenn man sie nicht mehr sieht – und dass sie zurückkommen.

Es gibt verschiedene Varianten. Sie können Ihr Gesicht hinter Ihren Händen oder einer Decke verstecken oder während des Windelnwechselns sogar hinter den Beinen Ihres Babys. Verstecken Sie sich einige Sekunden und sagen Sie dann zum Beispiel: „Wo ist die Mama?" Warten Sie, damit Ihr Kind über die Frage nachdenken kann, und tauchen Sie dann wieder auf mit einem fröhlichen

wieder hervorholen. Wenn Sie etwas unter einer Decke verstecken, können Sie Ihr Baby hin und wieder tasten und so merken lassen, dass der Gegenstand noch da ist. Oder Sie tun etwas in ein Marmeladenglas, klappern damit und holen es dann langsam, Stück für Stück, wieder heraus. Lassen Sie auch Ihr Baby einmal etwas verstecken, das Sie dann mit einem fröhlichen Hurra wiederfinden.

Eine schöne Variante dieses Spiels: Lassen Sie Puppen in ein Puppenhaus gehen, wieder herauskommen und umherlaufen.

Objektpermanenz

Babys wissen noch nicht, dass Objekte und Personen weiterhin existieren, auch wenn sie sich außerhalb ihrer Gesichtsfelder befinden. Für ein Baby ist ganz klar: Was ich nicht sehe, existiert auch nicht mehr – es ist einfach weg! Erst mit etwa 8 bis 12 Monaten verfügen Kinder über die sogenannte Objektpermanenz. Sie haben gelernt, dass Menschen und Gegenstände auch dann noch existieren, wenn man sie gerade nicht sehen kann. Mit kleinen Spielen, wie sie auch in diesem Buch beschrieben sind, können Sie Ihrem Kind bei diesem Lernprozess helfen.

„Guck-guck, hier bin ich!". Verbergen Sie im Laufe der Zeit immer mehr von Ihrem Gesicht und dann auch für länger. Sie können auch Ihrem Baby etwas vor sein Gesicht halten („Wo ist denn mein Baby?") und es dann selbst hervorschauen lassen.

....

Mark, Papa von Madison, 19 Monate

Die Spiele helfen wirklich!

›› *Die Spiele, die wir mit Maddie spielen, bringen wirklich etwas. Ich war eine Stunde einkaufen und als ich nach Hause kam, sprang sie auf, rannte in meine Arme und rief „Guck-guck!" wie bei dem Spiel.* ‹‹

....

Das Tschüss-Spiel

Dieses Spiel erweitert die Übungen zur Objektpermanenz um die typischen Wörter und Gesten, die beim Verabschieden und Wiederkommen genutzt werden. Ihr Baby lernt dadurch, was „Hallo" und „Tschüss" bedeuten.

Und so geht dieses Spiel: Sagen Sie „Tschüss" (oder was auch immer Sie für gewöhnlich sagen, wenn Sie sich von Ihrem Kind verabschieden) und verstecken Sie sich in einer Ecke oder hinter einem Möbelstück. Nach einigen Sekunden kommen Sie wieder hervor und sagen „Hallo" (oder was Sie sonst sagen). Spielen Sie dieses Spiel täglich – und bleiben Sie für immer längere Zeit verschwunden. Sie können dieses Spiel so erweitern, dass Sie das Zimmer verlassen, um zu duschen, die Wäsche zu machen oder das Essen vorzubereiten. Sie können auch Ihr Baby sich einmal verabschieden lassen. Sobald es Abschied

und Wiedersehen und die dafür typischen Gesten und Sätze verinnerlicht hat, sollten die Trennungen leichter werden.

Zum Üben: überschaubare Trennungsmomente

Nutzen Sie das tägliche Zusammensein mit Ihrem Baby, um es immer wieder kurzen, überschaubaren Trennungen auszusetzen. Besonders bei sehr anhänglichen Kindern, die immer in direkter Nähe zu den Eltern sein wollen, ist dies ein guter Anfang.

Wecken Sie zunächst das Interesse Ihres Kindes für ein Spielzeug, ein Spiel oder eine andere Person. Sobald Ihr Sohn oder Ihre Tochter zufrieden spielt, gehen Sie langsam weg und kurz in ein anderes Zimmer. Pfeifen, singen, summen oder reden Sie beim Weggehen, damit Ihr Kind weiß, dass Sie noch da sind, auch wenn es Sie nicht mehr sieht. Ist ihm die Situation zunächst unangenehm, bleiben Sie nur kurz weg und dehnen die Zeitspanne dann allmählich aus.

Bauen Sie im Tagesverlauf und während verschiedener Situationen immer wieder solche kurzen Trennungsmomente ein. Erst nur wenige Minuten, dann immer länger. (Lassen Sie Ihr Kind aber nur dann ganz alleine, wenn es in einer kindersicheren Umgebung ist, zum Beispiel in einem Laufstall, und auch dann nur für kurze Zeit.)

Reichen Sie Ihr Kleines nicht einfach weiter

Häufig wird ein Baby von einer Person zur nächsten gereicht. Problematisch daran ist, dass Ihr Kleines förmlich aus der Wärme und Sicherheit Ihrer Arme gerissen und zu einer weniger vertrauten Person gegeben wird. Das kann für Ihr Kind schon fast körperlich schmerzhaft sein. Und das ist die Situation Nummer eins, um Trennungsangst auszulösen.

Um den Wechsel von einem Arm zum nächsten zu vermeiden, wählen Sie einen neutralen Ort, zum Beispiel wenn Ihr Baby auf dem Boden spielt, in einer Wippe, einem Hochstuhl oder Autositz sitzt. Die andere Betreuungsperson sitzt neben Ihrem Baby und versucht, seine Aufmerksamkeit zu gewinnen, während Sie sich mit einem kurzen, gut gelaunten „Tschüss!" verabschieden und gehen. Sobald Sie weg sind, nimmt die andere Person Ihr Kind am besten auf den Arm. So ist die Betreuungsperson automatisch in der Position des Retters – und das kann hilfreich sein beim Aufbau einer Beziehung zu Ihrem Baby.

Keine Angst vor dem Verwöhnen!

Es ist aufmerksam und rücksichtsvoll von Ihnen, auf die Bedürfnisse Ihres Babys einzugehen. Trennungsangst ist für die Entwicklung ein wichtiges Gefühl und ein Zeichen von tiefer Liebe und Bindung. Alle Kinder durchlaufen diese Phase auf ihre Art und zu ihrer eigenen Zeit. Wenn Sie Ihr Kind entgegen seinen Protesten zu einer Trennung drängen, unterstützen Sie nicht seine Selbständigkeit, sondern verstärken die Ängste Ihres Kindes und machen vielleicht alles nur noch schlimmer.

Lana, Mama von Lior, 2 Jahre

Lior ist nur einmal klein

» *Wenn mein Sohn sich nicht von mir trennen will, hat das einen Grund und ich gehe gern auf seine Bedürfnisse ein. Er ist schließlich erst zwei! Im null Komma nichts ist er groß und wird nicht mehr bei Mama sein wollen. Natürlich ist es nicht leicht, mit der Trennungsangst zurechtzukommen, aber sie ist ja kein Dauerzustand. Er ist nur einmal klein und wenn er mich jetzt voll und ganz braucht, bin ich für ihn da.* «

Lassen Sie Ihrem Kind die Zeit, in seinem eigenen Tempo und auf seine Art selbständig zu werden. Erlauben Sie Ihrem Kind, wenn möglich, immer wieder etwas zu klammern. Reagieren Sie auf das Weinen Ihres Babys – auch wenn es satt ist, eine frische Windel trägt und es sich nicht wehgetan hat –, selbst wenn sein einziges Bedürfnis ist, gehalten zu werden. Machen Sie sich keine Sorgen, Sie könnten es mit Ihrer Liebe und Aufmerksamkeit verwöhnen, denn genau das Gegenteil ist der Fall. Je mehr Sie in der frühen Kindheit auf seine Bedürfnisse eingehen, umso zuversichtlicher und sicherer wird es werden.

So wenig Trennungen wie möglich – auch eine Option

Während einer akuten Phase der Trennungsangst spricht nichts dagegen, Trennungen von Ihrem Kind so weit wie möglich zu vermeiden. Manch einer wird versuchen, Sie davon zu überzeugen, dass es wichtig (vielleicht sogar überaus wichtig) ist, das Kind zu Trennungssituationen zu zwingen. Aber es gibt keine einzige Studie, die zeigt, dass Kinder, die dazu gezwungen werden, ihre Ängste anzugehen, diese schneller oder leichter überwinden als jene, denen man ihr eigenes Tempo lässt. Im Gegenteil, es ist sogar weitaus besser, die Bedürfnisse des Kindes zu achten und es langsam und liebevoll in die richtige Richtung zu stupsen.

Wenn eine Trennung nicht unbedingt sein muss, lassen Sie es doch. Schon bald wird diese Phase vorüber und Ihr Kind unterwegs zum nächsten Meilenstein in seiner Entwicklung sein.

Andererseits kommen auch immer wieder passende Gelegenheiten für eine Trennung, bei denen Sie Ihr Kind in guten, liebevollen Händen lassen können. Dann können Sie die Ideen, die in diesem Buch vorgestellt werden, ausprobieren, um Ihrem Kind während der Trennung zu helfen.

Trennung muss nicht sein

Es gibt keinen wissenschaftlichen Beweis dafür, dass man ein Kind in seiner Entwicklung unterstützt, indem man es zu Trennungen von Mutter, Vater oder anderen Hauptbezugspersonen drängt. Genau das Gegenteil trifft zu: Untersuchungen belegen, dass eine gesunde, starke Bindung an die wichtigsten Betreuungspersonen in der frühen Kindheit einen überaus positiven Einfluss auf das Verhalten, die Entwicklung und zwischenmenschliche Beziehungen des Kindes haben.

Gönnen Sie Ihrem Kind Zeit für sich im Bettchen

Viele Kinder wachen morgens oder nach einem Schläfchen auf und schauen sich zufrieden im Zimmer um, spielen oder träumen noch ein wenig vor sich hin. Viele Eltern wissen gar nicht, dass ihr Kind das kann, denn sobald sie auch nur einen Pieps hören, stürzen sie sofort los. Hören Sie genau hin: Ruft Ihr Kind nach Ihnen oder möchte es beachtet werden? Oder ist es einfach nur wach geworden und braucht noch ein paar Minuten für sich? Wenn es zufrieden ist, gönnen Sie ihm diese Zeit und bleiben Sie mit einem Ohr bei ihm.

Manche Eltern glauben, um tatsächlich auf die Bedürfnisse eines Babys einzugehen – was man immer tun sollte –, dürfe es niemals wach und alleine sein. Sie sollten wissen, dass ein Kind durchaus alleine sein kann, um zu lernen, dass es auch mit sich selbst eine schöne Zeit haben kann. Das ist keineswegs Vernachlässigung, solange Ihr Kind zufrieden ist, sondern ein schönes Geschenk von Ihnen an Ihren Sohn oder Ihre Tochter. Das so gewonnene Selbstvertrauen kann Ihrem Kind in anderen Trennungssituationen sehr nützlich sein.

Kündigen Sie an, was passieren wird

Auch wenn Sie glauben, Ihr Kind sei zu klein, um zu verstehen, was Sie sagen, gewöhnen Sie sich an, ihm zu erklären, dass Sie gehen und wann Sie zurückkommen. Sie müssen das nicht lange vorher ankündigen – ein Baby oder Kleinkind hat noch keine Vorstellung davon, was beispielsweise „nächstes Wochenende" bedeutet. Gut ist es, wenn Sie ihm etwa ein oder zwei Stunden vorher sagen, was passieren wird, und dann noch einmal direkt bevor Sie gehen. „Ich gehe bald einkaufen. Oma bleibt mit dir hier." Lassen Sie Ihren Sohn oder Ihre Tochter wissen, wann Sie zurückkommen. Nutzen Sie dazu Anhaltspunkte, die er oder sie versteht, wie etwa: „Nach dem Mittagessen bin ich wieder da." Machen Sie das auch dann, wenn Ihr Baby noch nicht sprechen kann, denn es versteht vielleicht schon Ihre Worte.

Auch wenn Sie Ihr Kind irgendwo abgeben, zum Beispiel in der Kita oder bei der Kinderbetreuung des Fitnessstudios, ist dieser Ansatz eine gute Idee. Erzählen Sie auf dem Weg im Auto oder im Bus davon, was passieren wird. So wird Ihr Kind nicht überrumpelt, sondern auf das, was kommen wird, vorbereitet.

Schleichen Sie sich nicht weg

Schleichen Sie sich nicht weg, wenn Ihr Kind schläft oder beschäftigt ist. Das scheint zwar leichter als ein tränenreicher Abschied, aber es schürt bei Ihrem Kind nur die Angst, dass Sie auch in Zukunft einfach so ohne ein Wort verschwinden könnten. Das endet vielleicht in noch mehr Anhänglichkeit, denn Ihr Kind könnte denken, dass es Sie nun immer im Auge behalten muss. Außerdem kann es sein Vertrauen in Sie zerstören, wenn Sie einfach so gehen; es mag dies als Bestrafung oder Missachtung seiner Gefühle deuten.

Forcieren Sie die Trennung nicht

Geben Sie Ihrem Baby genug Zeit, um den bevorstehenden Abschied zu begreifen.

Hektische Stimmung bevor Sie gehen oder aus dem Haus zu stürzen, kann die Trennungsangst bei Ihrem Sohn oder Ihrer Tochter noch verschlimmern. Führen Sie stattdessen ein kurzes aber schönes Abschiedsritual ein – bestimmte Worte oder Gesten bei jedem Fortgehen. Strahlen Sie Gelassenheit und gute Laune aus. Nehmen Sie sich ruhig ein paar Minuten Zeit für eine ordentliche, ruhige Verabschiedung.

Zögern Sie den Abschied nicht unnötig raus

Sie wollen Ihrem Kind beim Abschied zwar genug Zeit lassen, aber übertreiben Sie es nicht. Sagen Sie „Tschüss" und gehen Sie lächelnd und mit einem Winken. Je länger die Verabschiedung dauert, umso mehr kann sich die Trennungsangst Ihres Kindes steigern. Noch einmal: Sagen Sie „Tschüss" und gehen Sie dann! Häufig gehen Eltern erst aus dem Raum, unterhalten sich dann aber noch mit der Betreuungsperson oder telefonieren mal eben kurz. Das verwirrt Ihr Kind und kann Trennungsangst aufkommen lassen.

Wenn Sie sich einmal verabschiedet haben und Ihr Kind bei der Betreuungsperson angekommen ist, kehren Sie auf gar keinen Fall zurück. Achten Sie vorher darauf, Schlüssel, Fahrschein, Geldbörse und Jacke dabeizuhaben.

Gehen Sie fröhlich und positiv gestimmt

Kinder nehmen die Gefühle ihrer Eltern sehr gut wahr. Ihr Baby beobachtet nicht nur, was Sie tun, es nimmt auch auf, wie Sie sich fühlen. Wenn Sie unsicher sind, ob Sie Ihr Kind abgeben sollen, wird es auch unsicher sein. Sind Sie sich Ihrer Sache sicher, lindert das auch die Sorgen Ihres Babys und schenkt ihm das Vertrauen, die Situation zu meistern. Strahlen Sie Ruhe und Zuversicht aus, zeigt das auch Ihrem Kind, dass es gelassen an die Sache herangehen kann.

Das mag nicht direkt beim ersten Versuch klappen. Oder beim zweiten. Vielleicht noch nicht einmal beim dritten. Aber irgendwann versteht Ihr Kind, dass Sie sich immer gut gelaunt verabschieden, nichts Schlimmes passiert, während Sie weg sind, und Sie immer zurückkehren, sodass es sich gar keine Sorgen machen muss.

Möchten Sie Ihr Kind überzeugen, dass alles in Ordnung ist, sollten Sie das auch selbst glauben!

Trennungen üben: Ihr Baby bleibt woanders

Um für bevorstehende Trennungssituationen zu üben, können Sie Ihr Kind erst einmal bei einer ihm bekannten, liebevollen Person lassen, der es vertraut. Beginnen Sie mit einer kurzen Zeitspanne, die Sie dann immer weiter ausdehnen – zehn Minuten, zwanzig Minuten, dreißig Minuten – bis Sie auf ein oder zwei Stunden kommen. Im Idealfall sollten Sie alle paar Tage oder mindestens zweimal wöchentlich „üben", sodass Ihr Baby sich von einem Mal zum nächsten daran erinnert.

Zu Beginn wird Ihr Kind vermutlich weinen, wenn Sie sich entfernen. Versuchen Sie, nicht zurückzugehen, solange es weint. Warten Sie vor der Tür, bis die Betreuungsperson Ihren Sohn oder Ihre Tochter beruhigt hat.

Es handelt sich um jemanden, dem Ihr Baby vertraut, also sollte es sich auch von ihm trösten lassen. Bevor Sie gehen, zählen Sie ein paar Dinge auf, die Ihr Kind gern macht: aus dem Fenster schauen, mit der Katze spielen, Bücher anschauen. Hat Ihr Schatz sich wieder beruhigt und spielt vielleicht sogar zufrieden mit dem Babysitter, können Sie zurückkommen. Tauchen Sie auf, während es weint, könnte es so aussehen, als brächte das Weinen Sie zurück! Kehren Sie zurück, wenn es gerade zufrieden ist, ist das ein positives Erlebnis, das ihm im Gedächtnis bleibt.

Bevor Ihr Kind fremdbetreut wird oder sich der Tagesplan mit einem Babysitter ändert, sollten Sie diese Übung möglichst regelmäßig für einige Wochen oder vielleicht sogar ein bis zwei Monate machen.

Wenn Sie jemanden regelmäßig Ihr Kind betreuen lassen wollen, dehnen Sie die Betreuungsdauer ganz allmählich bis zur gewünschten Zeitspanne aus. Investieren Sie ruhig etwas Geld in einige vorbereitende Treffen, während Sie zu Hause bleiben. Bleiben Sie die ersten Male mit im Raum, aber soweit es geht, als unbeteiligter Beobachter. Rückt Ihr Baby nicht von Ihrer Seite, bleiben Sie neben ihm sitzen, lassen Sie aber den Babysitter mit Ihrem Kind reden und spielen. Rücken Sie etwas ab, sobald die beiden sich miteinander beschäftigen.

Nachdem Sie bei einigen Treffen ständig anwesend waren, lassen Sie die beiden alleine, während sie in ein Spiel oder eine andere Aktivität vertieft sind, damit sie einander besser kennenlernen können. Wenn Ihr Kind das Tschüss-Spiel (Seite 28) kennt, sollte es ein Leichtes sein, für einige Minuten von der Bildfläche zu verschwinden.

Sie bleiben in der Nähe und können singen, summen, telefonieren oder pfeifen. So spürt Ihr Schatz noch Ihre Anwesenheit. Funktioniert das gut, lassen Sie die beiden allein, ohne sich bemerkbar zu machen. Lassen Sie den Babysitter und Ihr Kind zueinander finden.

Beim nächsten Schritt lassen Sie Ihr Kind beim Babysitter und verlassen das Haus für etwa zwanzig Minuten. Klappt das, bleiben Sie ein bis zwei Stunden weg. Und dann den gesamten, angestrebten Zeitraum. Durch die kurzen Trennungen lernt Ihr Kind, dass Sie gehen, es glücklich und sicher beim Babysitter bleibt und Sie später zurückkommen. Dieses Muster lässt sich dann problemlos auf eine längere Zeitspanne anwenden.

Wenn Sie nach Hause kommen, sollten Sie kein großes Aufheben darum machen; das

würde nur signalisieren, dass die Trennung eine große Sache war. Sagen Sie gut gelaunt hallo und fragen Sie: „Hattest du eine schöne Zeit?" Das zeigt Ihrem Kind, dass es Ihnen mit der neuen Situation gut geht und Sie zuversichtlich sind, was es dann selbst auch sein kann.

Lassen Sie den Babysitter helfen

Für den Babysitter ist ein Kind, das weint, wenn die Eltern gehen, eine echte Herausforderung. Viele Menschen wissen nicht, wie sie dann reagieren sollen, und entscheiden sich instinktiv für ein gemurmeltes „Alles ist gut. Du musst nicht weinen." Begleitet wird dies für gewöhnlich durch eine feste Umarmung und beruhigendes Streicheln. Bei manchen Kindern hilft das, bei vielen bringt es nichts oder so gut wie nichts. Ihr Kind ist voller intensiver Gefühle und beruhigende Worte kommen gar nicht bei ihm an. Außerdem zeigt zu viel Mitgefühl Ihrem Kind, dass die Trennung doch eine große Sache ist.

Schlagen Sie der Betreuungsperson stattdessen vor, die Aufmerksamkeit Ihres Kindes durch eine aktive Handlung auf sich zu ziehen, zum Beispiel durch fröhliches Klatschen oder einen ablenkenden Tonfall, der der Lautstärke und den Gefühlen Ihres Kindes angemessen ist. Aktivierende, positive Worte können helfen, zum Beispiel: „Oje! Was ist denn los? Schau, ich bin für dich da! Ich kann dir helfen!". Ein eifriger Babysitter kann das Ruder auf diese Art und Weise herumreißen.

Sorgen Sie für Ablenkung

Bitten Sie die Betreuungsperson, mit Ihrem Kind zu spielen, während Sie gehen. Wenn genug Zeit ist, sollten die beiden schon miteinander spielen, solange Sie noch da sind. Setzen Sie sich fünf Minuten lang daneben und machen Sie ein Spielzeug oder ein Spiel interessant. Dann gehen Sie ein wenig zur Seite und beobachten. (Vermeiden Sie jegliche Kommentare, um keine Aufmerksamkeit zu erregen.) Sobald die beiden beschäftigt sind, verabschieden Sie sich zügig und gehen.

Wenn Ihr Kind mit einem Spielzeug, einer Aktivität oder mit Aus-dem-Fenster-Schauen beschäftigt ist, liegt der Fokus nicht mehr auf Ihrem Weggehen und die Betreuungsperson hat etwas an der Hand, womit es die Aufmerksamkeit Ihres Lieblings auf sich ziehen kann.

Juan, Papa von Daniela, 1 Jahr

Ablenkung hilft

» *Unsere Nachbarin hat sechs Kinder, zehn Enkelkinder und zwei Urenkel. Sie ist eine liebenswerte Frau mit viel Erfahrung. Unsere Tochter leidet unter starker Trennungsangst, aber Abuelita (wie jeder unsere Nachbarin nennt) nimmt sie einfach hoch, geht mit ihr durch den Garten, zeigt ganz fasziniert auf jedes Blatt und jeden Käfer. Daniela ist dann ganz verzaubert und weint gar nicht bei ihr.* «

Überlassen Sie Ihrem Baby die Führung

Oft lassen Eltern Chancen verstreichen, wenn ihr Baby ihnen eine mögliche Trennungssituation anbietet: Wenn sein Augenmerk beim Spielen etwas Neues entdeckt und sich auf Entdeckungstour begibt. Liebende Eltern folgen dann meist ihrem Kind und kommentieren, wofür es sich interessiert. Damit rücken sie sich ins Geschehen und aus einem privaten Erlebnis des Kindes wird ein Gruppenerlebnis – wodurch das Kind nicht mehr ganz für sich allein sein darf.

Wenn Ihr Schatz also in ein anderes Zimmer krabbelt oder tapst, rennen Sie nicht gleich hinterher! Natürlich gehen Sie sicher, dass es Ihrem Kleinen gut geht, aber zeigen Sie auch, dass es vollkommen in Ordnung ist, wenn es allein die Welt erkunden möchte. Dazu ermuntern können Sie es, indem Sie neue oder geliebte Spielsachen so in einige Entfernung oder in ein anderes Zimmer legen, dass Ihr Kind sie sehen kann. Alleine zu spielen ist gut für Unabhängigkeit, Selbstvertrauen, Kreativität und die Sprachentwicklung eines Kindes.

Eine Trennung, die vom Kind ausgeht, ist perfekt, um Ihrem Kleinen zu zeigen, wie sich eine glückliche Trennungssituation anfühlt. Gönnen Sie Ihrem Kind jeden Tag solche kurzen, selbständigen Spielsituationen. Wenn es sich zufrieden alleine beschäftigt oder ruhig seine Umgebung beobachtet, lassen Sie es, genießen Sie diese Situation und ermöglichen Sie ihm die Erfahrung, dass es gleichzeitig alleine und sicher und zufrieden sein kann. Diese Übung wird ihm auch bei späteren Trennungen helfen, über die es keine Kontrolle hat.

Gewöhnen Sie Ihr Kind an ein Übergangsobjekt

Ein bevorzugtes Spielzeug, eine Decke oder ein Kuscheltier wird „Übergangsobjekt" genannt, wenn es den Übergang vom Zusammensein mit den Eltern zum Alleinsein erleichtern soll. Das Kind geht eine sehr emotionale Beziehung zu diesem Objekt ein und fühlt sich mit diesem Gegenstand sicher und behütet. Ein Kuscheltier kann Trost spenden und den Trennungsschmerz lindern. Es wird zum Vertrauten und steht für Geborgenheit.

Viele Kinder wählen von sich aus eine bestimmte Decke oder ein Spielzeug als Übergangsobjekt. Ist das bei Ihrem Kind der Fall, freuen Sie sich über diese besondere Beziehung und respektieren Sie sie. Sucht sich Ihr Kind nicht selbst ein Übergangsobjekt, können Sie ihm dabei helfen. Wählen Sie eine Decke oder ein Kuscheltier, das Sie für einen geeigneten Kandidaten halten, weil Ihr Kind es vielleicht schon lange kennt oder oft bei sich hat. (Mamas getragenes T-Shirt kann übrigens auch ein ganz tolles Übergangsobjekt für ein klammerndes Baby sein.) Wenn Sie ein Wörtchen mitzureden

Ein zweites Exemplar als Reserve

Entscheidet sich Ihr Kind für ein Übergangsobjekt, sollten Sie gleich zwei oder drei Exemplare davon anschaffen. Wechseln Sie sie durch, damit alle gleich abgenutzt werden. (Erst der Grad der Abnutzung macht es so besonders!) Es gibt nichts Schlimmeres als ein kaputtes oder verlorenes Kuscheltier!

haben, wählen Sie das Übergangsobjekt mit Bedacht, denn es ist vielleicht viele Jahre ein treuer Begleiter.

Neue Menschen langsam kennenlernen

Wenn Sie Ihrem Baby neue Menschen vorstellen, halten Sie es dabei im Arm. Der Schutz Ihrer Umarmung hilft, dass es sich in dieser Situation wohler fühlt. Drängen Sie es nicht dazu, von anderen auf den Arm genommen oder gestreichelt zu werden, wenn es das nicht möchte. Das könnte die Angst beim nächsten Mal sogar vergrößern. Warten Sie, bis Ihr Kind mit der Person durch Blickkontakt warm geworden ist, bevor es zu einem physischen Kontakt kommt.

So lernt Ihr Kind schon früh, sich selbst und seine eigenen Grenzen zu schützen. Sie fördern das, indem Sie ihm erlauben, selbst über seinen Körper und den Körperkontakt zu Fremden zu bestimmen.

Ihre Bekannten sind für Ihr Baby Fremde

Auch wenn Ihnen Ihre Onkel, Tanten, Großeltern und Freunde sehr vertraut sind, wird Ihr Baby diese als „Fremde" einstufen, wenn es sie nicht häufig sieht. Das ist kein Urteil über Ihre Familie – sondern nur die Feststellung, dass Ihr Baby sie noch nicht gut kennt. Die größte Herausforderung ist wohl, diesen Menschen begreiflich zu machen, dass es Zeit und Geduld braucht, bis Ihr Kind ihnen gegenüber auftaut.

Damit Ihr Kleines neue Menschen annimmt, hilft es, wenn Sie es während einer Unterhaltung auf dem Arm haben. Vielleicht möchten Sie die Hand geben, sie umarmen oder kurz streicheln, um Ihrem Baby zu zeigen, dass es Ihre Freunde sind und auch die Freunde Ihres Kindes sein können.

Überlegen Sie sich, was Sie tun können, damit der „Fremde" sich nicht vor den Kopf gestoßen fühlt. Eine simple Erklärung mag genügen: „Er braucht immer ein paar Minuten zum Warmwerden, besonders bei Menschen, die er noch nicht gut kennt. Ich habe gelesen, in seinem Alter ist das völlig normal." Niemand möchte sich fühlen, als sei er eine Bedrohung für das Leben eines Kindes – und solch eine Aussage rückt das gerade. Nachdem Sie es kurz erklärt haben, wechseln Sie zu einem anderen Gesprächsthema. Dadurch kann Ihr Kind sich neu sammeln und beobachten, ohne im Mittelpunkt des Interesses zu stehen.

Ihr Baby bestimmt das Tempo

Bitten Sie „fremde" Menschen, dass sie Ihr Baby gar nicht beachten sondern warten sollen, bis Ihr Kind den ersten Schritt macht. Erklären Sie vorab, dass es gerade mit Trennungsangst zu kämpfen hat und dass es besser ist, wenn Ihr Kind die Intensität des Kontaktes in seinem eigenen Tempo bestimmen darf. Damit ermöglichen Sie, dass neue Personen in Babys Umfeld es nicht persönlich nehmen, wenn Ihr Sohn oder Ihre Tochter Ihnen die kalte Schulter zeigt.

Ihr Kind darf die ihm unbekannten Personen erst einige Zeit ungestört beobachten, nach einer Weile könnte die Person Ihrem Baby ein Spielzeug reichen. Eine nette Person mit einem interessanten Spielzeug in der Hand ist leichter zu akzeptieren als jemand, der die Hand ausstreckt, um Ihr Baby gleich auf den Arm zu nehmen oder zu streicheln. Kinder sind von Natur aus neugierig und mit dieser Strategie lenken Sie den Fokus weg von der fremden Person auf ein neutrales oder bekanntes Spielzeug.

Wenn Ihr Kind das Gefühl hat, die Situation kontrollieren zu können, weil es nicht gedrängt wird, wird es wahrscheinlich nun und bei zukünftigen Treffen mit neuen Menschen aufgeschlossener reagieren.

Lassen Sie Ihr Baby zunächst beobachten

Je mehr Kontakt Ihr Baby zu neuen Menschen hat, umso wohler wird es sich fühlen, wenn es neue Leute trifft. Gut ist es, wenn es erst einmal ohne Druck beobachten kann. Gehen Sie gemeinsam im Einkaufszentrum oder in einem belebten Park spazieren.

Bleiben Sie ganz dicht bei Ihrem Baby, lassen Sie es sich umsehen und die Welt und all die neuen Gesichter in sich aufnehmen.

Ihr Kind wird sich bei Ihnen abschauen, wie man Beziehungen zu anderen, fremden Menschen aufbauen kann, also gehen Sie offen mit Kassierern, Verkäufern und anderen Personen, denen Sie begegnen, um.

Wenn ein Fremder Ihr Kind anspricht, können Sie Ihr Baby weiter beobachten lassen und stellvertretend antworten. Sollte jemand versuchen, Ihr Baby zu streicheln oder auf den Arm zu nehmen, können Sie schnell einwerfen, dass es „ein bisschen schüchtern ist", was allgemein als Begründung für seine Zurückhaltung akzeptiert wird.

Retten Sie Ihr Baby, sobald es Sie braucht

Trennungsangst verschwindet nicht von heute auf morgen; sie tritt prinzipiell in Schüben auf, kommt und geht. In einem Moment ist es für Ihr Baby in Ordnung, bei jemandem auf dem Arm zu sein, ein paar Minuten später wird es ihm zu viel. Wenn es angespannt wirkt oder zu weinen beginnt, sollten Sie es (wenn möglich) sofort wieder zu sich nehmen. Schauen Sie nicht einfach zu, wie jemand anderes versucht, Ihr weinendes Kind zu trösten. Eine kurze Erklärung entschärft die Situation oft: „Oje, sie leidet immer noch unter Trennungsangst." Die meisten Menschen sind erleichtert, wenn Sie sich so schnell wie möglich um Ihr weinendes Baby kümmern.

Fühlt sich Ihr Kind unwohl, wird es wieder zu Ihnen wollen und in der nächsten ähnlichen Situation sofort abblocken. Sind Sie im

Notfall sofort zur Stelle, wird es auch später immer wieder einen Schritt auf andere Menschen zu wagen. Aus kurzen, schönen Erfahrungen werden für gewöhnlich längere.

Stellen Sie neue Menschen vorab vor

Möchten Sie Ihr Baby auf bevorstehende Treffen mit ihm unbekannten Menschen vorbereiten, zeigen Sie ihm doch einfach ein paar Wochen vorher Filme oder Fotos von ihnen. Findet Ihr Kind Bücher toll, können Sie auch selbst ein Fotoalbum oder -buch erstellen, es gemeinsam ansehen und von den lieben Leuten in dem Buch erzählen.

Ist der große Tag gekommen, sollten Sie diese Menschen herzlich begrüßen und sie mit Namen anreden, damit Ihr Baby versteht, dass es sich um dieselben Leute wie im Buch handelt.

Satt, ausgeschlafen und zufrieden

Einem zufriedenen Kind fällt es leichter als einem müden, neue Freundschaften zu schließen oder mit einer Trennung von Mama oder Papa zurechtzukommen. Müde Kinder sind nicht belastbar – ihre übliche Toleranzschwelle ist nur noch halb so hoch.

Auch ein hungriges Kind fühlt sich vielleicht nicht wohl. Kinder führen durch Hunger ausgelöstes Unwohlsein gar nicht immer auf ihren Hunger zurück und wenden sich, wenn es ihnen nicht gut geht, automatisch

an denjenigen, der sie am besten kennt und ihr Unbehagen vermutlich lindern kann.

Es ist wie bei uns Großen: Ein Baby, das ausgeruht und satt ist, ist in einer besseren Stimmung, um sich in unbekannte Situationen zu wagen oder neue Menschen kennenzulernen, als ein müdes und hungriges Kind.

Vermeiden Sie Trennungen während schlimmer Phasen

Es spricht überhaupt nichts dagegen, Trennungen während schlimmer Trennungsangstphasen einfach zu vermeiden, denn für gewöhnlich gehen solche Phasen schneller vorbei, wenn man sie locker angeht. Also verschieben Sie lieber den ausgedehnten Einkaufsbummel, den geplanten Wellnesstag oder die Übernachtung bei Bekannten, wenn es möglich ist.

Wenn Sie während einer schlimmen Phase der Trennungsangst unbedingt eine Betreuung brauchen, suchen Sie sich die Betreuungsperson sehr genau aus. Natürlich muss es jemand sein, der sich gut um Ihr Kind kümmern kann, darüber hinaus sollte er oder sie aber auch besonderes Verständnis für die Angst Ihres Kindes zeigen und freundlich und geduldig darauf eingehen.

Übertreiben Sie es aber auch nicht mit dem Vermeiden und igeln Sie sich nicht ein, nur weil Ihr Baby sich in neuen Situationen oder unter neuen Menschen unwohl fühlt. Bleiben Sie so gelassen wie möglich und helfen Sie Ihrem Kind dadurch, diese Phase schneller und leichter hinter sich zu lassen.

Achten Sie auf Ihre Äußerungen

Ihr Kind spürt es, wenn Sie sich unwohl fühlen, weil Sie es bei anderen lassen. Aus Ihrem Verhalten leitet es ab, wie es sich selbst verhalten soll. Zeigen Sie sich zuversichtlich: Ihr Baby ist während Ihrer Abwesenheit in guten Händen und wird wahrscheinlich viel Spaß haben, sobald es sich an die Situation gewöhnt hat. Bleiben Sie also ruhig, zuversichtlich und gelassen, dann kann Ihr Kind Ihre guten Gefühle spüren und aufnehmen.

Machen Sie auch bei Ihrer Rückkehr kein großes Tamtam. Wenn es Ihrem Baby sehr schwergefallen ist, ohne Sie zu sein, und Sie es dann beim Wiedersehen mit Küssen überschütten und sagen, wie sehr Sie es vermisst haben, senden Sie die Botschaft aus, dass eine Trennung doch eine große Sache ist, vor der man Angst haben muss. Begrüßen Sie Ihr Kind lieber freundlich, aber ruhig und umarmen Sie es. Auch Ihre Stimme sollte fröhlich klingen: „Hallo, mein Schatz! Hast du mit deinen neuen Bausteinen gespielt, während ich weg war?" Das zeigt Ihrem Kind, dass die Trennung etwas Normales, das Wiedersehen alltäglich und das Weggehen nichts ist, wovor man sich fürchten muss.

Schaffen Sie Erfolgserlebnisse

Wenn die Trennung gut geklappt hat, versuchen Sie dieses Erfolgserlebnis innerhalb der nächsten Tage zu wiederholen. Warten Sie nicht zu lange, denn die gute Stimmung hält man am besten aufrecht, wenn man schnell weitermacht. Je mehr positive Erlebnisse Ihr Kind hatte, umso mehr wächst sein Selbstvertrauen.

Trennungsangst bei Kindern ab 4

Auch im Kindergarten- und Schulalter kann es zu Trennungsangst kommen. Lösungen und konkrete Tipps, um es Ihrem Kind einfacher zu machen, finden Sie hier.

Sobald unsere Kinder den Babyschuhen entwachsen sind, wird ihre Welt größer und größer. Plötzlich befinden sie sich in Situationen, die sie weiter von ihrem vertrauten Zuhause und den Eltern wegführen. Eine wahre Herausforderung für ein Kind, dessen wachsende Unabhängigkeit es zwar in die Ferne lockt, aber dessen fehlende Erfahrung und mangelndes Vertrauen es wieder nach Hause ziehen. Die Selbständigkeit entwickelt sich bei Kindern schubweise und zwischendurch gibt es Phasen, in denen sie das bekannte Territorium bevorzugen. Die Entwicklung verläuft nicht geradlinig, schlängelt sich vielmehr entlang der Meilensteine der Trennungsangst bis hin ins Erwachsenenalter.

Jedes Kind ist anders und deshalb kann es auch keine Patentlösung geben, wie man der Trennungsangst entgegenwirkt. Das magische Armband, das später noch näher erläutert wird, ist eine Möglichkeit, die schon vielen Kindern geholfen hat. Dennoch brauchen einige Kinder mehr als nur ein Armband und für manche ist aller Anfang schwer und sie brauchen in einer Übergangsphase einfach mehr Unterstützung. Die folgenden Kapitel liefern Ihnen zahlreiche Ideen, die zusammen mit dem magischen Armband oder auch einzeln umgesetzt werden können.

Niemand kennt Ihr Kind so gut wie Sie. Deshalb werden Sie beim Lesen all der Vorschläge auch am besten wissen, welche für Ihr Kind und Sie passen. Keine Sorge, wenn nicht direkt alles klappt. Überdenken Sie noch mal sämtliche Möglichkeiten und erstellen Sie einen neuen Plan. Sie werden dabei auf die passenden Lösungen stoßen, die Ihrem Kind helfen, sich wohl zu fühlen, auch wenn Sie nicht bei ihm sind, so dass es irgendwann voller Selbstvertrauen die große, weite Welt entdecken kann.

Trennung spielen

Trennungen wirken weniger beängstigend, wenn sie regelmäßig durchgespielt werden. Nutzen Sie dazu Trennungsspiele, zum

mit Oma zu Hause, erklären Sie, wohin Sie gehen, was es in der Zwischenzeit tun kann und wann Sie zurückkommen.

Beschreiben Sie genau, was passieren wird. Kinder, die unter Trennungsangst leiden, fürchten sich häufig vor dem Unbekannten. Kommt es ohne Vorwarnung zu einer Trennung oder passiert etwas Unerwartetes, lauern diese Kinder immer weiter auf das nächste unvorhergesehene Ereignis. Helfen Sie Ihrem Kind also, indem Sie ihm genau erklären, was passieren wird.

Kinder freuen sich besonders gern auf schöne Dinge, sprechen Sie also von einer bevorstehenden Trennung gelassen und zuversichtlich. Reden Sie nicht zu lange im Voraus darüber; je nach Alter des Kindes und Umfang der Trennung sind einige Tage bis eine Woche vorher ausreichend.

Verteilen Sie das Thema am besten auf mehrere kurze Gespräche und seien Sie sich selbst Ihrer Sache sicher: Gehen Sie davon aus, dass es Ihrem Liebling gut geht, während Sie weg sind. Thematisieren Sie die Sorgen und Ängste Ihres Kindes nur, wenn es von sich aus darüber sprechen möchte. In dem Fall nehmen Sie seine Gefühle an, ohne ihnen zu viel Raum zuzugestehen. Erzählen Sie erneut genau, was passieren wird. Das kann Ihrem Kind helfen, denn es kann sich so genauer vorstellen, was auf es zukommt.

Beispiel Verstecken, das Sie zu Hause, im Park oder auf dem Spielplatz spielen können. Auch eine Schatzsuche ist eine schöne Idee: Ihr Kind folgt den Hinweisen durch Haus oder Garten und findet am Ende eine kleine Überraschung. Noch lustiger wird es, wenn Sie bereits auf dem Weg kleine Schätze verstecken. Um bei diesem Spiel den Trennungsaspekt zu vergrößern, sollten Sie selbst an einem Ort bleiben, zum Beispiel in der Küche, während Ihr Kind auf Schatzsuche geht. Wenn es den Schatz gefunden hat, kann es eine Glocke läuten (oder „Gefunden!" rufen) und Sie können ihm mit einem Jubelschrei antworten.

Erklären Sie Ihrem Kind, was passieren wird

Wenn Sie Ihrem Kind im Vorfeld genau erklären, was auf es zukommt, verringern Sie die Ängste, die von Spekulationen und seiner Fantasie genährt werden. Gehen Sie zum Beispiel einkaufen und lassen Ihr Kind

Versprechen Sie Ihrem Kind, es immer abzuholen

Ihr Kind drängt die Frage, wann Sie zurückkommen. Sie möchten es natürlich nicht im Unklaren lassen, denn das verstärkt sein Unbehagen noch. Eine kurze Erklärung, wann Sie zurück sein werden, reicht schon. Knüpfen Sie Ihre Rückkehr unbedingt an ein Ereignis und nicht an eine Uhrzeit. Erstens schneiden Sie sich mit einer exakten Zeitangabe ins eigene Fleisch, wenn Sie zu spät zurückkommen; ein ungefährer Zeitraum lässt Ihnen mehr Spielraum. Zweitens kann Ihr Kind mit der Verknüpfung an Dinge aus seinem Tagesablauf mehr anfangen, zum Beispiel: „Nach deinem Mittagsschlaf bin ich wieder da" oder „Wenn die Schulglocke klingelt, warte ich draußen."

Sind Sie dann wieder zurück, weisen Sie Ihr Kind darauf hin, dass Sie sich an Ihr Versprechen gehalten haben: „Siehst du? Nach deinem Mittagsschlaf war ich zu Hause, wie ich es gesagt habe." Diese Erinnerung gibt Zuversicht für weitere Trennungen.

Wenn die Trennungsangst bei Ihrem Kind gerade besonders schlimm ist, seien Sie unbedingt pünktlich. Sollten Sie sich dennoch verspäten, rufen Sie jemanden an, der Ihrem Kind ausrichtet, dass Sie unterwegs sind. Das bestärkt Ihr Kind darin, dass Sie bald kommen.

Trennungsangst ist altersabhängig

Trennungsangst ist etwas Normales und biologisch notwendig. Sie ist ein Zeichen für die tiefe Liebe und Bindung Ihres Kindes an Sie. Ihr Kind kann sie nicht kontrollieren und es äußert sie nicht absichtlich, um Sie zu ärgern. Es ist eine Phase, die vorübergeht, und es ist ein Prozess, den man unterstützen kann, wenn man dem Kind gezielt hilft.

Kinder, die unter Trennungsangst leiden, können ihre Gefühle nicht erklären, aber sie

wissen, dass diese Gefühle nicht gut sind. Ihre Unsicherheit mag auf einen Erwachsenen, der sich mit dem Thema nicht auskennt, oft wie schlechtes Benehmen wirken und Verärgerung auslösen. Angst bei Kindern zeigt sich nun mal mitunter als Trotz, Widerstand, Zorn oder Sturheit. Sie geraten in Panik, weil sie solche Angst haben.

Ihr Kind muss in neuen Situationen erst warm werden

Ein Kind kopfüber in eine neue Situation werfen, in der es sich unwohl fühlt, ist so, als schubste man es ins Wasser, damit es schwimmen lernt. Zwingen Sie Ihr Kind nicht, über seine Grenzen zu gehen. Erlauben Sie ihm möglichst, die Situation zu beobachten und sich langsam heranzutasten. Lassen Sie es aus sicherer Distanz beobach-

ten, was vor sich geht, und selbst herausfinden, wie es daran teilhaben könnte. Erlauben Sie ihm, solange es mag, nur zuzusehen, bevor es mitmacht, denn dadurch nehmen Sie ihm den Druck. Viele Kinder sind entspannter, wenn sie wissen, dass sie sich Zeit lassen dürfen. Ein gelassenes Kind streckt leichter seine Fühler aus.

Neue Leute ganz allmählich kennenlernen

Wenn Sie Ihrem Kind neue Menschen vorstellen, halten Sie dabei seine Hand oder legen Sie einen Arm um es. Verlangen Sie nicht mehr als ein Hallo. Ihr Kind muss noch nicht länger mit der neuen Person reden oder schwierige Fragen beantworten. Spricht jemand mit Ihrem sich offensichtlich nicht wohl fühlendem Kind, dürfen Sie natürlich an seiner Stelle antworten, damit es erst mal auftauen kann, bevor es selbst in das Gespräch einsteigt. Ihre Berührung schenkt Sicherheit und ohne Druck fühlt sich ein Kind wohler und kann Selbstvertrauen entwickeln.

Geschichten erzählen

Manchem Kind hilft es, wenn Sie indirekt von einem bevorstehenden Ereignis erzählen und es selbst nicht mehr im Rampenlicht steht, sondern alles aus der Beobachterperspektive betrachten kann. Erzählen Sie eine Geschichte von dem, was passieren wird, und nutzen Sie bekannte Charaktere, die Ihr Kind mag. SpongeBob könnte zum Beispiel seine Tante besuchen und bei ihr übernachten. Ihr Kind kann so die Situation zunächst aus der Sicht einer anderen Figur kennenlernen. Etwa ein bis zwei Wochen

vor dem großen Tag sollten Sie beginnen, diese Geschichten mehrmals zu erzählen, damit Ihr Kind damit vertraut wird.

Die Generalprobe

Kinder mit einer guten Vorstellungskraft, die Phantasiespiele mögen, kann man ganz leicht auf bevorstehende Ereignisse vorbereiten. Im Vorfeld können Sie mehrmals ein Spiel spielen, bei dem Sie schauspielern, was passieren wird. Wenn Ihr Kind beispielsweise eine Nacht alleine mit dem Babysitter verbringen soll, könnten Sie sich als Babysitter verkleiden (mit Hut, Schal und Sonnenbrille). Spielen Sie die bevorstehende Situation lustig und vergnügt vor. Seien Sie möglichst echt (klingeln Sie, kommen Sie herein, sagen Sie hallo, sprechen Sie darüber, was am Abend alles passieren wird, verabschieden Sie die imaginären Eltern). Sind die unsichtbaren Eltern aus dem Haus, machen Sie einiges von dem, was auch sonst an dem Abend anstünde. In der Rolle als Babysitter könnten Sie zum Beispiel etwas spielen und etwas zu essen vorbereiten, wie es auch der richtige Babysitter täte.

Schritt für Schritt zur Eigenständigkeit

Warten Sie sich nicht auf eine große, lange Trennung, sondern geben Sie Ihrem Kind die Gelegenheit, in kleinen Schritten selbständiger zu werden. Nehmen Sie Ihr Kind beispielsweise mit in den vertrauten Park und sobald es dort vertieft spielt, gehen Sie ein Stück beiseite, setzen sich auf eine Bank und lesen ein Buch. Wenn nötig, zeigen Sie Ihrem Kind ab und zu, dass Sie noch da sind, indem Sie winken oder etwas sagen wie: „Wow!

Du schaukelst aber hoch!" Wenn Ihr Kind sich aber gar nicht nach Ihnen umschaut, bleiben Sie passiv, denn Sie wollen ja sein Selbstvertrauen stärken, für die Zeit, in der Sie weg sind.

Ein Talisman gegen die Trennungsangst

Einem ängstlichen Kind hilft es manchmal, wenn es etwas zum Streicheln oder Knuddeln hat, an dem es einen Teil seiner negativen Energie loswerden kann. Geben Sie Ihrem Schatz ein kleines Kuscheltier oder einen Glücksbringer, vielleicht einen Quetschball. Sie können ihm auch etwas von sich geben, vielleicht einen alten Schlüsselanhänger oder einen kuscheligen Schal. Bevor Sie gehen, geben Sie dem Talisman einen Kuss und eine Umarmung und stecken ihn Ihrem Kind in die Tasche. Sagen Sie, dass Ihr Kind ihn jederzeit festhalten und Ihre Liebe spüren kann.

Vorabbesuche

Soll Ihr Kind in die Schule oder die Kita gehen oder beim Babysitter übernachten, gehen Sie einige Tage vorher mit ihm dorthin. Stellen Sie ihm die Lehrer oder Erzieher vor, zeigen Sie ihm seinen Platz und die Spielsachen. Wenn Sie zusammen dort sind, versuchen Sie sich im Hintergrund zu halten – damit Ihr Kind spürt, wie es dann ohne Sie sein wird. Reden Sie zu Hause noch einmal darüber und sagen Sie Ihrem Kind, wie toll es das gemacht hat; sprechen Sie über die Highlights und alles Spannende, was es zu sehen gab. Sagen Sie ihm, dass es ganz sicher viel Spaß haben wird, wenn es das nächste Mal dort ist.

Trennungsrituale

Verbringt Ihr Kind regelmäßig Zeit woanders, zum Beispiel in der Schule, im Kindergarten oder bei der Tagesmutter, können Sie sich eine Art Trennungsritual überlegen oder auch ein Poster mit den genauen morgendlichen Abläufen anfertigen. Zeichnen Sie oder verwenden Sie Fotos. Wenn Sie sich regelmäßig an diesen Plan halten, wird Ihr Kleines ihn schnell verinnerlicht haben.

Auch ein Bindungsritual bei der Verabschiedung kann helfen, zum Beispiel ein geheimer Handschlag, ein bestimmter Satz oder etwas anderes, das Ihrem Kind signalisiert: Jetzt verabschieden wir uns voneinander. Außerdem zeigt diese vertraute Verabschiedung Ihrem Sohn oder Ihrer Tochter, dass alles in Ordnung ist und Sie bald wieder zusammen sein werden.

....

Laura, Mama von Logan, 3 Jahre

Logan liebt sein Verabschiedungsritual

>> *Jeden Morgen, wenn ich zur Arbeit gehe, verabschiedet Logan mich auf seine eigene Art. Er trägt meinen Schlüsselbund zur Tür und holt dann meine Schuhe. Ich ziehe sie an, nehme die Schlüssel und bedanke mich für seine Hilfe. Dann umarmen wir uns ganz fest, kitzeln uns und geben uns einen Abschiedskuss. Wenn ich auch nur einen Punkt auslasse, ist sein ganzer Tag im Eimer.* <<

....

Säen Sie keine Sorgen

Manchmal wollen wir unsere Kinder ermutigen, machen aber versehentlich alles schlimmer. Sätze wie „Keine Sorge", „Wenn du mich brauchst, bin ich da" oder „Alles wird gut" sind gar nicht so beruhigend, wie Sie vielleicht glauben. Viele Kinder sehen es so: Wenn Sie sich wegen ihrer Ängste sorgen, können die Sorgen ja nicht unbegründet sein. Und das Angebot, dass Ihr Kind Sie notfalls anrufen kann, lässt seine Alarmglocken läuten: Muss ich etwa vor etwas Angst haben? Muss ich jemanden um Hilfe rufen?

Säen Sie keine Sorgen, sondern formulieren Sie positiv; es ist keine große Sache – es ist vielmehr schön. Wenn Ihr Kind beispielsweise zu einer Geburtstagsfeier eingeladen ist, verabschieden Sie sich zuversichtlich und fröhlich und sagen Sie ihm, dass es eine tolle Zeit verbringen wird: „Viel Spaß beim Topfschlagen! Ich bin gespannt, was du mir nachher alles erzählen wirst, wenn ich dich abhole."

Wiedersehensrituale

Ein Wiedersehensritual gibt Sicherheit und bleibt Ihrem Kind im Gedächtnis. Tun und sagen Sie bei jedem Wiedersehen dasselbe – sagen Sie denselben Satz, nutzen Sie einen bestimmten „Begrüßungshandschlag" oder eine besondere Umarmung. Sie könnten (wenn es zeitlich passt) einen kleinen Snack mitbringen, auf den Ihr Kind sich jeden Tag freut. Schenken Sie Ihrem Kind beim Abholen Ihre volle Aufmerksamkeit und halten Sie Blickkontakt, damit das Wiedersehen etwas Schönes ist. Rituale geben Kindern Sicherheit, besonders an den wichtigen

Zeitpunkten des Tages: morgens, bei den Mahlzeiten, beim Wegbringen, Abholen und beim Zubettgehen.

Kinderbücher zum Thema

Es gibt zahlreiche Kinderbücher zum Thema Tagesmutter, Kindergarten, Babysitter oder über Eltern, die dienstlich oder privat verreisen. Solche Bücher können Ihrem Kind einen entspannten Blick auf das ermöglichen, was ihm bevorsteht. Wer Bücher liebt, kann anhand von Charakteren, die Ähnliches erleben, eine Menge lernen. Lesen Sie die Bücher zunächst selbst, um sicherzugehen, dass sie Ihren Ansprüchen genügen, und schauen Sie sie erst danach gemeinsam mit Ihrem Kind an.

Ein Foto von Ihnen als Erinnerung

Vielen Kindern spendet ein Foto der Eltern oder Geschwister Trost. Das Foto steht für Zuhause und für Geborgenheit. Ein oder zwei Fotos von Ihnen in einer kleinen Geldbörse oder einem Medaillon können für Ihr Kind ein guter Ersatz sein, wenn Sie nicht bei ihm sind.

Ein lustiges Gesicht

Möchte Ihr Kind sich nicht so wirklich von Ihnen trennen, malen Sie ihm doch einfach mit einem Kugelschreiber ein lustiges Gesicht auf die Hand. Malen Sie ihm eine Haarfrisur wie Ihre eigene und eine Brille, falls Sie auch eine tragen. Erklären Sie Ihrem Kind, dass es damit den ganzen Tag eine Mini-Mami oder einen Mini-Papi bei sich hat. Die meisten Kinder sind so beeindruckt, dass Sie tatsächlich auf ihre Hand gemalt haben, und das gemeinsame Lachen macht die ganze Sache noch mal besonders.

Gefühle anerkennen

Sagen Sie Ihrem Kind, dass es ganz normal ist, ein wenig traurig zu sein, wenn man jemanden vermisst, aber dass man dennoch eine schöne Zeit haben kann. Wenn Sie seine Gefühle anerkennen, hilft das auch Ihrem Kind, seine Ängste zu verstehen und zu akzeptieren.

Nun folgt der nächste Schritt: Versichern Sie Ihrem Kind, dass es möglich ist, mit diesen Gefühlen umzugehen und zu lernen, sie neben anderen Gefühlen zuzulassen und trotzdem Spaß zu haben. Dieser Schritt ist wichtig, denn er zeigt Ihrem Kind, dass Trennungsangst ganz normal ist. Gerade wenn es glaubt, es stünde mit seiner Angst alleine da, kann das eine große Erleichterung sein. Danach lenken Sie die Aufmerksamkeit Ihres Lieblings auf eine bestimmte Tätigkeit.

Sagen Sie zum Beispiel:

- Du bist wegen der Party ein wenig aufgeregt. Das ist vollkommen normal, vielen Kindern geht es so, wenn sie das erste Mal auf neue Leute treffen. Lass uns mal schauen, wen du schon kennst … Schau, da ist Trenton … Geh doch zu ihm und zeig ihm deine neue Uhr!
- Ich weiß, dass es nicht leicht ist, den ganzen Tag ohne Mama zu sein. Weil wir uns so lieb haben und so gern zusammen sind. Aber so wie letzte Woche wirst du in der Kita wieder viele tolle Sachen machen und dann hole ich dich ab und du erzählst mir, was du alles gemacht hast.

Lassen Sie das Unbehagen Ihres Kindes nicht in Angst ausarten. Es mag unter fremden Menschen oder an einem neuen Ort unsicher sein – das ist ganz normal. Aber womöglich verschlimmern Sie seine Sorgen unabsichtlich noch. Vermeiden Sie Aussagen wie „Du musst keine Angst haben" oder „Wovor fürchtest du dich denn?", da es vielleicht gar keine Angst hat, Ihre Worte jedoch diese Möglichkeit nahelegen. Bleiben Sie lieber allgemein: „Es ist okay, wenn du unsicher bist. Es ist ja etwas ganz Neues für dich. Ich wette, du wirst Spaß haben!"

Auf die Ess- und Schlafgewohnheiten achten

Müde, hungrige oder nicht ausgewogen ernährte Kinder laufen auf Sparflamme. Sie sind launischer und können auch stärker unter Trennungsangst leiden.

Sorgen Sie dafür, dass Ihr Kind nachts genügend schläft und tagsüber angemessene Schlafpausen macht. Wie lange Ihr Kind insgesamt schläft, ist überaus wichtig für seine Gesundheit und sein Wohlbefinden. Schläft es nur eine Stunde weniger als sonst, hat das Auswirkungen auf die Gehirnleistung, die Müdigkeit nimmt zu und es ist anfälliger für negative Gefühle wie Angst.

Zusätzlich zu der Gesamtschlafzeit hat es auch einen Einfluss auf Stimmung und Verhalten, wie lange es zwischen den einzelnen Schlafphasen wach ist. Werden Kinder länger wach gehalten, als es ihrem Biorhythmus entspricht, werden sie müde, unleidlich und unzufrieden. Sie klammern sich an ihre Eltern, um ein Gefühl der Sicherheit zu bekommen.

Im Laufe des Tages verlangt der Körper vieler Kinder nach einem Nickerchen, um neue Kraft zu tanken. Bekommen sie diese Verschnaufpause nicht, wird alles schlimmer: Das Meckern und Jammern wird zu einem ausgewachsenen Donnergrollen. In der Wissenschaft bezeichnet man das als „homöostatischen Schlafdruck"; ich sage dazu „Vulkanausbruch", da es eben oft einem solchen gleicht. Ohne ein Nickerchen steigt dieser Druck – wie bei einem Vulkan –, das Kind ist erschöpft und kann den Ausbruch nicht mehr stoppen. Alle Gefühle treten intensiver zutage, natürlich auch die Trennungsangst.

Die folgende Tabelle gibt einen wichtigen Überblick über den Schlafbedarf von Kindern. Jedes Kind ist anders und einige wenige brauchen tatsächlich weniger (oder mehr) Schlaf als angegeben, aber die große Mehrheit liegt innerhalb dieser Spanne.

Schlafbedarf: Durchschnittliche Stundenzahl tags und nachts sowie Wachphasen

Alter	Anzahl der Tagschläfchen	Gesamtdauer Tagschlaf in Stunden	Durchschnittliche Länge der Wachphasen	Gesamtdauer Nachtschlaf in Stunden*	Gesamtschlafdauer in 24 Stunden**
6 Monate	2–3	3–4	2–3	10–11	14–15
9 Monate	2	2 ½–4	2–4	11–12	14
1 Jahr	1–2	2–3	3–4	11 ½–12	13 ½–14
2 Jahre	1	1 ½–3	5–6 ½	11–12	13–13 ½
3 Jahre	1	1–2	6–8	11–11 ½	12–13
4 Jahre	0–1	0–2	6–12	11–11 ½	11 ½–12 ½
5 Jahre	0–1	0–2	6–12	11	11–12
6 Jahre	0–1	0–2	6–13	10 ½–11	10–11

* Das sind Durchschnittswerte, die nicht zwingend ununterbrochen sein müssen, da ein kurzes Erwachen zwischen den einzelnen Schlafphasen normal ist.
** Die Gesamtschlafdauer ergibt sich nicht zwingend aus Tag- und Nachtschlafgesamtdauer, denn Kinder, die tagsüber länger schlafen, schlafen nachts vielleicht weniger und umgekehrt.

Nächtliche Trennungsangst mildern

Nächtliche Trennungsangst lässt sich durch ein festes Zubettgehritual lindern. Fertigen Sie mit Fotos, Zeichnungen oder Zeitungsausschnitten eine Collage an, auf der die einzelnen Schritte zu sehen sind. Gehen Sie jeden Abend Schritt für Schritt vor – vom Umziehen und Zähneputzen über das Vorlesen bis hin zu „Licht aus", „Augen zu" und „schlafen". Der ganze Ablauf sollte entspannt und ohne Eile vonstattengehen.

Die Trennungsangst beim nächtlichen Aufwachen können Sie mildern, indem Sie auch dafür ein festes Ritual einführen. Wenn Ihr Kind manchmal zu Ihnen ins Bett kommen darf, Sie aber manchmal bei ihm im Bett schlafen und es dann wiederum manchmal alleine schlafen muss, führt das nur zu Stress und Verwirrung. Halten Sie sich jedes Mal an das gleiche Ritual. Noch mehr Ideen zum Umgang mit nächtlicher Trennungsangst finden Sie auch im Kapitel „Schlafenszeit: Alleine schlafen (Seite 88)".

Für ausreichend freie Zeit sorgen

Ein Kind, das von der Schule oder Kita direkt zu anderen Aktivitäten gehetzt wird, wird insgesamt ängstlicher sein. Helfen Sie Ihrem Kind dabei, seine innere Ausgeglichenheit zu bewahren und bauen Sie jeden Tag ausreichend freie Zeit ein – während der es wirklich „nichts" zu tun hat. Entspanntes Freispiel ist sehr hilfreich und nützlich. Es kann einem Kind zu innerer Ruhe verhelfen, ähnlich wie bei Erwachsenen Yoga oder Meditation. Ein in sich ruhendes Kind hat seltener Angst.

Rachel, Mama von Kate, 8 Jahre, Grayson, 6 Jahre und Oliver, 3 Jahre

Nicht zu viele Termine

›› *Vielen Dank für den Rat, Auszeiten in unseren Tag einzubauen. Mir ist klar geworden, dass ich so sehr damit beschäftigt bin, von A nach B nach C nach D zu hetzen, dass mein Kleinster dabei völlig untergeht. Kein Wunder, dass er mich nicht gehen lassen will, wenn er mich endlich mal für sich hat!* ‹‹

Regelmäßige Treffen mit Freunden

Kinder, die den ganzen Tag in der Kita oder in der Schule sind, leiden weniger an Heimweh, wenn sie dort Freunde haben. Laden Sie ein oder zwei Kindergarten- oder Schulfreunde zu sich zum Spielen ein. Wenn jemand aus der Schule einen auch zu Hause besucht, schafft das eine Verknüpfung zwischen diesen beiden Orten. Und Freundschaften zu anderen Kindern machen die Trennung von Mama und Papa erträglicher.

Ausreichend Zeit am Morgen

Hat Ihr Kind jeden Morgen Probleme, rechtzeitig zum Kindergarten oder zur Schule aufzubrechen, führen Sie ein ruhiges Morgenritual ein. Wird ein Kind aus dem Bett gescheucht, zum Anziehen gedrängelt und soll dann aus dem Haus stürzen, leistet es sicherlich mehr Widerstand und möchte lieber zu Hause bleiben als ein Kind, das ruhig in den Morgen starten darf.

Machen Sie es sich leicht und bereiten Sie schon abends so viel wie möglich vor (legen Sie die Kleidung zurecht, reinigen Sie die Brotdose und die Trinkflasche, decken Sie den Frühstückstisch). Stehen Sie morgens lieber etwas früher auf, damit Sie noch gemeinsam in Ruhe frühstücken können. Wenn Sie früher zur Kita oder Schule aufbrechen, bleibt noch etwas Puffer, um sich in Ruhe von Ihrem Kind zu verabschieden. Ein ruhiger, entspannter Morgen ist der beste Start in den Tag.

Helfen Sie Ihrem Kind bei einer positiven Einstellung

Die Gedanken ängstliche Kinder kreisen oft um ihre Sorgen; sie denken negativer und einseitig und so kommt es zu noch mehr Ängsten. Helfen Sie Ihrem Kind möglichst, in allen Bereichen offener für Lösungsmöglichkeiten zu werden, denn dann funktioniert das auch bei seiner Trennungsangst besser.

Ein Kind denkt positiver, wenn Sie seine negativen Gedanken nicht kritisieren und ihm auch seine pessimistische Einstellung nicht übel nehmen. Drängen Sie es, damit aufzuhören, will Ihr Kind Ihnen nur umso mehr beweisen, dass es mit seinen Gedanken richtig liegt. Lenken Sie es lieber auf schöne Gedanken, ohne über die negativen zu urteilen. Ermuntern Sie es, sich auf das Positive zu konzentrieren und eine Lösung für sein Dilemma zu finden. Helfen Sie ihm mit positiven Vorschlägen und arbeiten Sie daran, dass es generell optimistischer wird.

Ein besorgtes Kind lenkt seinen Blick eher auf die möglichen Katastrophen: Und wenn Mama vergisst, mich abzuholen? Oder wenn ich mir weh tue und niemand da ist? Oder wenn Papi etwas Schlimmes passiert,

während er weg ist? Einem gestressten Kind gehen solche Gedanken immer und immer wieder durch den Kopf, bis der voller Ängste und Sorgen ist. Schlimme Gedanken kommen von alleine – das positive Denken muss ein Kind erst einmal üben.

Als Erstes sollte Ihr Kind die Erfahrung machen, dass etwas nicht zwangsläufig so geschehen muss, wie wir es uns vorgestellt haben. Am besten lernt es das in einem ruhigen Moment. Veranschaulichen Sie die Tatsache, dass Gedanken etwas anderes als die Realität sind, anhand eines Beispiels: Nur weil man an eine Kuh denkt, steht noch keine in der Küche. Nur weil man ans Fliegen denkt, hebt man noch längst nicht ab. Erklären Sie dann, dass es mit Ängsten genau dasselbe ist, zum Beispiel die Sorge, nicht abgeholt zu werden, oder dass etwas Schlimmes im Kindergarten passieren könnte.

Sie können Ihr Kind beim positiven Denken unterstützen, indem Sie schöne Aussagen auf Karteikarten drucken oder schreiben und sie in seine Geldbörse oder den Rucksack legen, beispielsweise:

- „Nach der Schule holt Mama mich immer ab."
- „Ich schaffe das!"
- „Alles ist gut."
- „Wenn ich nervös bin, atme ich tief durch, entspanne mich und werde ruhiger."

Was wäre, wenn…?

Eine positive Herangehensweise kann Ihr Kind auch durch das „Was wäre, wenn…"-Spiel lernen. Ziel ist, dass es schon im Vorfeld überlegt, was es tun könnte, wenn etwas nicht so abläuft wie geplant. Denn das kann Stress und Angst bei Ihrem Kind verringern.

Ihr Kind befürchtet zum Beispiel, dass Sie es nicht von der Schule abholen werden. Versichern Sie ihm zunächst, dass das äußerst unwahrscheinlich ist und sagen Sie dann (ganz zuversichtlich), dass selbst dann auch alles in Ordnung wäre. Spielen Sie danach dieses Spiel und lernen Sie die Befürchtungen Ihres Kindes kennen sowie die dann zur Verfügung stehenden Möglichkeiten.

Vielleicht ist es besser, wenn Sie zunächst selbst mögliche Antworten finden und dann die Frage von Ihrem Kind beantworten lassen. Wenn Sie darin geübter sind, klingt das Gespräch in etwa so:

Elternteil: Ich weiß, dass du befürchtest, ich könnte dich nicht von der Schule abholen. Höchstwahrscheinlich werde ich da sein und alles ist bestens. Aber lass uns mal überlegen, was wäre, wenn… Was wäre denn, wenn du aus der Schule kämest und ich nicht da wäre?

Kind: Ich könnte fünf Minuten warten und sehen, ob du spät dran bist.

Elternteil: Was wäre, wenn du fünf Minuten gewartet hättest und ich immer noch nicht da wäre?

Kind: Dann könnte ich ins Sekretariat gehen und fragen, ob sie dich anrufen.

Elternteil: Und wenn niemand im Sekretariat ist?

Kind: Dann könnte ich irgendjemanden, der ein Telefon hat, bitten, dich anzurufen.

Elternteil: Was wäre, wenn ich nicht ans Telefon ginge?

Kind: Dann könnte ich Papa auf seinem Handy anrufen.

Dieses Spiel zeigt Ihrem Kind, dass meist alles gut geht, auch wenn nicht alles nach Plan läuft. Und es lernt, dass es immer irgendeine Lösung gibt. Zum Schluss dieses Spieles sagen Sie Ihrem Kind, dass die Was-wäre-wenn-Situationen vermutlich gar nicht eintreten werden, aber falls doch, ist es zumindest bestmöglich darauf vorbereitet.

Auswahlmöglichkeiten anbieten

Damit Ihr Kind das Gefühl hat, eine Situation beeinflussen zu können, bieten Sie ihm bei allen Trennungssituationen Auswahlmöglichkeiten an: „Welche Jacke möchtest du heute anziehen?", „Sollen wir zur Schule laufen oder mit dem Fahrrad fahren?", „Möchtest du zwei Küsschen und eine Umarmung oder zwei Umarmungen und ein Küsschen?"

Lassen Sie Ihr Kind möglichst auch beim Zeitpunkt und der Häufigkeit der Trennungen ein Wörtchen mitreden. Vielleicht kann es auch unter verschiedenen Babysittern auswählen? Auch bezüglich des Ortes kann es womöglich entscheiden, ob es beispielsweise lieber zur Oma gehen möchte oder ob die Oma nach Hause kommen soll. Wenn Ihr Kind mitentscheiden darf, ist es vielleicht offener bezüglich der Trennungen.

Sofie, Mama von Jakob, 5 Jahre

Entscheidungen helfen ihm

》 *Morgens gab es bei uns immer Tränen und Gejammer. Jetzt gibt es Auswahlmöglichkeiten, wie „Was soll ich dir zum Frühstück einpacken?", „Welchen Pullover möchtest du anziehen?" oder „Möchtest du heute ein Buch mit zur Schule nehmen?". Diese einfachen Entscheidungen helfen ihm. Seine Sorgen sind scheinbar vergessen.* 《

Auch Gebete können helfen

Wenn Sie mit Ihrem Kind vor dem Essen oder vor dem Schlafengehen beten, können Sie auch ein spezielles Gebet gegen die Trennungsangst einführen. Sagen Sie ihm lediglich, es solle beten, ist das nicht unbedingt hilfreich, denn wahrscheinlich findet es in dem Moment einfach nicht die passenden Worte. Lassen Sie Ihren Sohn oder Ihre Tochter lieber ein gefundenes oder neu erdachtes Gebet auswendig lernen oder schreiben Sie es auf eine Karteikarte, die Sie in die Geldbörse oder den Rucksack Ihres Kindes stecken. Sie können jedes positive, bestärkende Gebet nutzen.

Für Gebete gibt es keine Regeln, warum verfassen Sie also nicht selbst eins, das zu Ihrem Kind und seinen Sorgen passt? Es sollte einfach sein und sich reimen, damit Ihr Kind es sich besser merken und aufsagen kann. Hier ist eins, das ich für Sie geschrieben habe; natürlich dürfen Sie es den Bedürfnissen Ihres Kindes entsprechend abändern:

Lieber Gott, sei bei mir jeden Tag.
Mach mich glücklich, mach mich stark.
Sei bei mir, wenn ich ängstlich bin.
Zeig mir, dass ich dich immer find.
Bei dir fühl ich mich sicher und geborgen.
Nimm von mir bitte alle meine Sorgen.

Es geht nicht ums „für immer"

Ihr Kind wird sich bei Verabredungen zum Spielen, bei Ferienfahrten oder Geburtstagsfeiern vielleicht nicht wohl fühlen und deshalb gar nicht erst hingehen wollen. Meistens ist das vollkommen in Ordnung. Es wird noch genügend Gelegenheiten haben, Freunde zu treffen, auf Feiern zu gehen oder an anderen Aktivitäten teilzunehmen. Zaghafte Kinder werden solche Einladungen vermutlich ausschlagen und glücklich und zufrieden zu Hause bleiben. Wenn man sie einfach lässt, wachsen alle Kinder aus dieser Phase der Trennungsangst heraus und werden später noch genügend Zeit außer Haus verbringen.

In der Hochphase der Trennungsangst dürfen Sie auch bei älteren Kindern Trennungen vermeiden. Damit respektieren Sie die Gefühle Ihres Kindes und für Sie alle mag es der einfachere Weg sein. Schalten Sie einen Gang zurück, lassen Sie Ihr Kind das Tempo bestimmen. Mit etwas Unterstützung von Ihnen wird es schon selbständig werden.

....

Mark, Papa von Felicity, 10 Jahre

Und jetzt ist sie ein Partylöwe!

>> *Bis unsere Tochter neun war, wollte sie weder zu Geburtstagsfeiern noch zum Sport oder zum Spielen zu Freunden gehen. Dann ist der Knoten geplatzt und heute sie ein richtiger Partylöwe. Bei ihren ganzen Terminen blicke ich gar nicht mehr durch!* ‹‹

....

Ein Mitbringsel für den Lehrer oder Betreuer

Für Ihr Kind ist es einfacher, ohne Sie zu bleiben, wenn die Bindung zur Betreuungsperson gut ist. Sie können diese Beziehung stärken, indem Ihr Kind eines seiner Bücher, ein paar Kekse oder eine Blume mitnimmt. Teilt es etwas mit der Betreuungsperson, ist das ein schöner Austausch und eine gute Basis für ein vertrauensvolles Miteinander.

Das Kind verlässt – und wird nicht verlassen

Manche Kinder möchten bei einer Trennung lieber selber gehen. Für sie ist es einfacher, wegzugehen, als zu sehen, wie Mama oder Papa weggehen. Vielleicht können Sie eine Situation erzeugen, bei der Ihr Kind Sie verlässt und nicht umgekehrt. Zeigen Sie Ihrem Kind beispielsweise etwas Interessantes, verabschieden Sie sich und lassen Sie es dann dorthin gehen.

Reden Sie mit der Betreuungsperson

Die meisten Betreuungspersonen kennen sich mit Trennungsangst sehr gut aus. Bitten Sie um ein Gespräch, reden Sie über Ihre Bedenken und machen Sie sich im Vorfeld Notizen zur Ihren Sorgen und möglichen Lösungswegen. Suchen Sie nicht das Gespräch, wenn Ihr Kind dabei ist oder die Erzieherin mit anderen Kindern oder der Lehrer anderweitig beschäftigt ist. Machen Sie lieber einen Termin für ein Einzelgespräch aus.

Lassen Sie sich Ärger, Frust und Sorgen nicht anmerken

Es zehrt an den Nerven, wenn das Kind nicht in die Kita, in die Schule oder zum Babysitter gehen will. Es kann extrem belasten, wenn Ihr Kind schreit, sobald ein Verwandter es auf den Arm nehmen möchte, während Sie kurz unter der Dusche sind. Aber wenn Sie sauer werden, Ihr Kind bestrafen oder hänseln, machen Sie alles nur noch schlimmer und die Phase dauert vermutlich länger.

Wenn Ihr Kind in Tränen aufgelöst ist, lässt Sie das sicherlich nicht kalt. Sie wissen vielleicht selbst nicht, was Sie tun sollen, doch verbergen Sie Ihre Unsicherheit vor Ihrem Kind. Selbst das kleinste Kind spürt Ihre Angst und vermutet dann, dass irgendetwas nicht stimmt, schlecht oder gefährlich ist.

Passen Sie auch auf, wenn Sie sich mit jemandem über Ihre Sorgen unterhalten, denn man weiß nie, ob das Kind nicht mithört. Gespräche mit Freunden, Ihrem Partner, den Erziehern oder Lehrern sollten unter vier Augen stattfinden.

Stellen Sie Ihrem Kind Fremde vorab vor

Freunde und Verwandte, die Sie zwar kennen, aber Ihr Kind nicht (selbst wenn es die Großeltern sind, die jedoch nur selten zu Besuch kommen), werden als „Fremde" eingestuft. Sie können Ihr Kind vorbereiten, indem Sie einige Wochen vor dem Besuch Fotos oder Videos zeigen und von diesen wunderbaren Menschen erzählen. Sind sie dann da, umarmen und begrüßen Sie sie zuerst, damit Ihr Kind sieht, dass Sie sie annehmen und gern haben.

Amanda, Mama von Finley, 2 Jahre

Unsere Fotogalerie ist der Hit

》 *Ich habe Fotos von unseren Verwandten im Kinderzimmer meines Sohnes aufgehängt. Eigentlich wollte ich dadurch die Bindung zu seinen weit entfernt wohnenden Großeltern stärken, aber es hilft ihm auch, wenn er den Papa vermisst, während dieser bei der Arbeit ist. Seine Laune ändert sich, wenn er glückliche, lachende Gesichter sieht, und wir sprechen dann über die Menschen auf den Fotos. Eine schöne Ablenkung, die immer funktioniert.* 《

Erinnern Sie an Erfolgs-erlebnisse

Hatte Ihr Kind schon mal ein Erfolgserlebnis (auch wenn es nach einem schwierigen Start war), erinnern Sie es daran: „Weißt du noch, als du das letzte Mal beim Turnen warst? Zuerst wolltest du nicht, aber dann hat es dir Spaß gemacht und du hast neue Freunde gefunden. Becky und Kai zum Beispiel. Vielleicht sind sie heute auch wieder da." Wenn Sie Ihr Kind an Situationen erinnern, in denen es erst unsicher war, dann aber eine schöne Zeit hatte, steigert diese Erinnerung seine Zuversicht. Mit der Zeit helfen die Erfolgserlebnisse aus vergangenen Situationen Ihrem Kind, auch alles, was noch kommt, zuversichtlich anzugehen.

In kleinen Schritten kommt man auch zum Ziel

Falls möglich stückeln Sie eine Trennung. Hat Ihr Kind einen Teil gemeistert, kann es den nächsten Teilschritt in Angriff nehmen. Hat Ihr Sohn zum Beispiel Angst, wenn Sie ihn mit einem Babysitter allein zu Hause lassen, beginnen Sie erst einmal damit, dass der Babysitter eine Stunde bei Ihnen ist, während Sie auch zu Hause sind, im selben Raum, aber mit anderen Dingen beschäftigt. Im nächsten Schritt kümmert sich der Babysitter um Ihren Sohn, während Sie sich in einem anderen Zimmer aufhalten. Dehnen Sie diese Zeit langsam aus, vielleicht auf fünfzehn oder zwanzig Minuten, die Sie aus dem Haus gehen. Dann bleiben Sie immer länger und länger weg, bis die Gesamtzeit erreicht ist, die der Babysitter auf Ihr Kind aufpassen soll.

Entspannungsübungen für Kinder

Ein ängstliches oder besorgtes Kind nimmt diese Gefühle körperlich wahr und fühlt sich noch schlechter. Es atmet schneller und flacher, sein Magen verkrampft sich, der Hals ist wie zugeschnürt, der Körper angespannt. Diese Symptome verstärken die Aufregung. Bringen Sie Ihrem Schatz bei, wie er sich entspannen kann, sodass er sich in Stresssituationen selbst zu helfen weiß. Je nach Alter und Persönlichkeit Ihres Kindes gibt es verschiedene Techniken.

Progressive Entspannung mit dem stillen Häschen

Diese Technik bietet sich für kleine Kinder mit einer guten Vorstellungskraft an. Lassen Sie Ihr Kind es zunächst zu Hause in seiner vertrauten Umgebung ausprobieren, damit es dann auch während Stresssituationen auf diese Technik zurückgreifen kann. Vielleicht bauen Sie eine kurze Übungseinheit in Ihr Morgen- oder Einschlafritual ein. Leiten Sie Ihr Kind durch die Übung, die ich „Das stille Häschen" nenne:

Lass uns jetzt stille Häschen sein.
Schließe deine Augen und entspanne dich.
Atme ein. Atme aus.
Das Häschen kommt zur Ruhe und entspannt sich.
Wackle mit dem Näschen. Und nun bleibt das Häschengesicht ganz still.
Wackle mit den Zehen. Und nun bleiben die Zehen ganz still.
Wackle mit den Fingern. Und nun bleiben die Finger ganz still.
(Sie können noch mehr Körperteile einbeziehen, wie Arme, Schultern und Beine)
Atme ein. Atme aus.

Entspanne dich.
Jetzt geht es dir gut, du bist ein entspanntes,
stilles Häschen.

Für Kinder ist das eine schöne Technik, denn
sie können unter Ihrer sanften Anleitung
besser entspannen. Ist Ihr Kind erst einmal
damit vertraut, kann es diese Entspannungs-
möglichkeit anwenden, wann immer es
angespannt ist.

Progressive Entspannungstechniken helfen
deshalb, weil man nicht gleichzeitig angespannt und entspannt sein kann.

Wenn die Trennungsangst zuschlägt, setzen
Sie sich zu Ihrem Kind, berühren Sie es sanft,
schauen Sie ihm in die Augen und sagen
Sie: „Lass uns wie die stillen Häschen sein."
Leiten Sie es dann durch die Übung. Mit der
Zeit müssen Sie es gar nicht mehr führen,
es nur noch an die Übung erinnern und es
bitten, die Augen zu schließen.

Sie können auch einen kleinen Spielzeugha-
sen kaufen, den Ihr Kind mitnehmen darf,
wenn Sie nicht da sind. Ein Hase als Schlüsselanhänger, Armband oder Kuscheltier
kann in Momenten der Angst oder Unsicherheit eine sichtbare Erinnerung an das stille
Häschen sein.

Seifenblasen atmen

Ist Ihr Kind angespannt, atmet es automatisch flacher und unregelmäßiger; oft atmet
es durch den Mund anstatt durch die Nase.
Das verstärkt das Gefühl, die Kontrolle zu
verlieren, und die Angst nimmt zu. (Sie
kennen doch bestimmt das kurze, stoß-
hafte Atmen durch den Mund, das Kinder
kurz vor dem Losweinen zeigen.) Weisen
Sie Ihr Kind auf dieses Anzeichen hin und

bringen Sie ihm bei, wie es seinen Atem re-
gulieren kann, damit es auch in Situationen,
in denen es sich unwohl fühlt, die Kontrolle
behält.

Erklären Sie Ihrem Kind zunächst, dass ein
schneller, flacher Atem ein Merkmal von
Besorgnis und Angst ist. Versichern Sie ihm,
dass es lernen kann, den Atem zu kontrollieren. Führen Sie die Atmung vor und lassen
Sie es Ihr Kind auch versuchen, damit es
spürt, wie es sich anfühlt. Sagen Sie, dass es
ruhiger und gleichmäßiger atmen kann und
sich dadurch besser fühlt.

Eine schöne Art, die entspannte Atmung
zu erklären, ist folgende: Ihr Kind soll sich
vorstellen, dass es Seifenblasen macht – Sie
können es auch zunächst mit echten Seifenblasen ausprobieren. Ihre Erklärung kann so
klingen:

„Wenn du Angst hast, klingt dein Atem vielleicht ganz komisch – als wärst du richtig schnell gerannt." (Atmen Sie selbst schnell durch den Mund ein und aus.) „So zu atmen kann dir noch mehr Angst machen. Wenn du merkst, dass du so atmest, kannst du etwas dagegen tun. Stell dir vor, du machst wunderschöne Seifenblasen. Du atmest durch die Nase ein und langsam durch den Mund aus und schickst eine Seifenblase in den Himmel. Das ist wie Zauberei, denn diese Seifenblasen helfen dir, ruhiger zu werden."

Fördern Sie selbständiges Spielen

Lassen Sie Ihr Kind in Ruhe, wenn es zufrieden alleine spielt. Ihr kleiner Schatz braucht auch mal Zeit für sich. Das stärkt sein Selbstvertrauen und zeigt ihm, dass er sich gut mit sich selbst beschäftigen kann. Sie vernachlässigen ihn nicht, wenn er hin und wieder sich selbst überlassen ist – es ist vielmehr klug und rücksichtsvoll, ihm dieses selbständige Spielen zu ermöglichen.

Barb, Mama von Brandy, 5 Jahre

Ich mische mich nicht mehr ein

>> *Ich habe mir angeschaut, wie oft ich mich in Brandys Spiel einmische – und war erstaunt. Ich meinte es nur gut. Ich wollte ihr zeigen, wie stolz ich bin, dass sie alleine spielen kann, aber ich habe gemerkt, dass sie meine Anwesenheit wieder mehr einfordert, seitdem ich öfter in ihr Zimmer schleiche und sie für ihre Selbständigkeit lobe. Wenn sie jetzt alleine spielt, gönne ich ihr diese Zeit und halte mich raus.* <<

Was die Trennungsangst verschlimmern kann

Die Trennungsangst kann schlimmer werden, wenn es im Leben Ihres Kindes neue Stressfaktoren gibt, selbst wenn offensichtlich kein Zusammenhang erkennbar ist. Hier sind einige Dinge, die allgemein die Angst verschlimmern können:

- Umzug oder Umbauarbeiten am Haus
- Einschulung des Geschwisterkindes
- Familienzuwachs
- Scheidung oder neue Partnerschaft der Eltern
- Arbeitslosigkeit oder neuer Beruf eines Elternteils
- Wegzug eines Freundes
- Wechsel der Betreuungsperson
- Veränderungen im Tagesablauf
- Urlaub oder Urlaubsgäste zu Hause
- Krankheit, entweder des Kindes, der Eltern oder eines nahen Angehörigen oder Freundes

Sobald sich etwas im Leben eines Kindes ändert, sucht es seinen sicheren Hafen auf – Sie. Da einiges anders oder verwirrend ist, genießt Ihr Kind die Sicherheit an Ihrer Seite. Haben Sie in diesen Phasen Geduld und gehen Sie etwas mehr auf seine emotionalen Bedürfnisse ein, dann wird es sich schnell an die neue Normalität gewöhnen.

Das Zuhause für den Babysitter vorbereiten

Passt ein Babysitter bei Ihnen zu Hause auf Ihr Kind auf, erstellen Sie eine genaue Liste mit dem, was Ihr Kind mag, gerne isst und gerne spielt. Hängen Sie ein Poster mit dem Einschlaf- oder Mittagsschlafritual auf, wenn der Babysitter zu dieser Zeit da sein wird. Je mehr er über Ihr Kind weiß, umso leichter und besser wird die Trennung für alle verlaufen.

Erlauben Sie dem Babysitter, einige der üblichen Regeln zu brechen. Vielleicht freut Ihr Kind sich schon auf den nächsten Besuch, wenn es wieder Chips, Süßigkeiten oder laute Musik gibt oder es im Schlafsack auf dem Boden schlafen darf. Regeln zu übertreten macht einfach Spaß und die Trennungsangst ist dann vielleicht ganz schnell vergessen.

Die Rückkehr ist nichts Besonderes

Auch bei älteren Kindern gilt: Hatte Ihr Kind Schwierigkeiten, während Sie weg waren, und Sie überschütten es dann bei Ihrer Rückkehr mit Küssen und Umarmungen und sagen ihm, wie sehr Sie es vermisst haben, machen Sie dadurch deutlich, dass eine Trennung doch eine große Sache ist. Vermeiden Sie lieber eine überschwängliche Begrüßung und belassen Sie es bei einem freundlichen „Hallo mein Schätzchen. Hattest du eine schöne Zeit, während ich weg war?". So vermitteln Sie, dass die Trennung etwas ganz Normales ist, worüber man sich keine Sorgen machen muss.

Möchte Ihr Kind Ihnen erzählen, wie schwer es ohne Sie war, geben Sie ihm dafür einen kurzen Moment, bevor es berichten soll, was alles gut geklappt hat. Mit den richtigen Fragen stoßen Sie sicherlich auf ein oder zwei Dinge, über die Sie sich dann länger unterhalten können.

Hören Sie Ihrem Kind zu, wenn es über seine Gefühle spricht. Lange Gespräche über die Probleme Ihres Kindes sind jedoch nicht immer hilfreich, sondern können von ihm auch als Belastung wahrgenommen werden. Konzentrieren Sie sich darauf, Ihrem Kind zu helfen, seine Ängste und Sorgen zu überwinden.

Klammern – setzen Sie sanft eine Grenze

Manchmal sind Sie sich ganz sicher, dass Ihr Kind etwas selbständiger sein könnte, aber aus Gewohnheit klammert es sich mehr als nötig an Sie. Wenn es Ihnen beispielsweise auch dann noch ins Bad folgt, wenn es eigentlich schon alt genug wäre, sich ein paar Minuten lang alleine zu beschäftigen, setzen Sie sanft eine für Sie stimmige Grenze. Vermeiden Sie negative Wörter wie „nein" oder „nicht", die dazu führen können, dass Ihr Kind noch mehr klammert. Setzen Sie besser positiv eine Grenze. Sie könnten beispielsweise Wahlmöglichkeiten anbieten: „Ich gehe jetzt ins Bad. Möchtest du vor der Tür warten und puzzeln oder im Kinderzimmer mit den Autos spielen?"

....

Bonnie, Mama von Liora, 4 Jahre

Meine Tochter entscheidet, wann ich gehen darf

>> *Meine Tochter wollte, dass ich bei ihr bleibe, bis sie eingeschlafen ist, aber nicht immer hatte ich eine halbe Stunde Zeit. Also führte ich den Satz „Du kannst gehen" ein. Ich sagte ihr, wenn die Zeit gekommen war, aber den genauen Zeitpunkt durfte sie bestimmen, dann sagte sie mir, wann ich gehen durfte. Sie hatte*

so einen gewissen Einfluss auf die Trennung. Wenn sie bereit war, sagte sie: „Du kannst gehen", ich gab ihr einen Kuss und ging. Das funktioniert immer noch, auch wenn sie heute bereits nach einer Minute und nicht mehr nach einer halben Stunde sagt: „Du kannst gehen." ❮❯

Haben Sie auch nichts übersehen?

Gehen Sie sicher, dass Ihr Kind keine Probleme mit einem Lehrer, Erzieher oder einem anderen Kind in der Schule oder im Kindergarten hat. Wenn die Trennungsangst nur in einer bestimmten Situation auftritt und sonst nie, gilt Alarmstufe Rot. Überprüfen Sie, ob vielleicht auch eine abstrakte Angst oder der Glaube an etwas Unrealistisches vorliegt. Mit vorsichtigen Fragen und genauem Beobachten finden Sie den Grund für die Sorgen heraus.

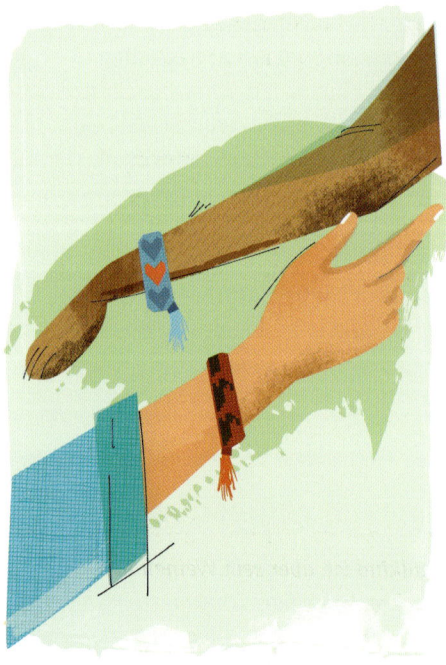

Seien Sie aufrichtig und ehrlich

Manchmal lässt sich eine Trennung nicht vermeiden. Sie haben vielleicht Ihr Bestes gegeben, aber Ihr Kind kommt mit der Situation dennoch nicht zurecht. Trotz Tränen und Jammern müssen Sie gehen und zwar jetzt. Nun müssen Sie klar, eindeutig und ehrlich sein, respektvoll aber unnachgiebig: „Ich muss jetzt wirklich gehen. Länger kann ich nicht bleiben. Lass uns tschüss sagen (Küsschen, Umarmung). Ich hab dich lieb, mein Schatz." Später können Sie noch einmal die Ideen in diesem Buch nachlesen und sich für die kommenden Wochen etwas überlegen, um Ihrem Kind bei seiner Trennungsangst zu helfen.

Wenn Sie Ihr Kind in einer sicheren, liebevollen Umgebung zurücklassen, können Sie ganz zuversichtlich gehen. Machen Sie sich keine Selbstvorwürfe. Konzentrieren Sie sich auf die Fakten und lassen Sie die Gefühlsebene außen vor. Probieren Sie in den nächsten Wochen andere Möglichkeiten im Umgang mit Trennungsangst aus; sehr wahrscheinlich wird Ihr Kind selbstsicherer und unabhängiger.

Das magische Armband

Wie lässt sich Trennungsangst komplett vermeiden? Ganz einfach: indem man Trennungen komplett vermeidet! Wenn Ihr Kind Sie überall mit hinnehmen könnte, wäre alles bestens. Da das nicht praktikabel ist, wählen Sie eben die zweitbeste Lösung: Geben Sie Ihrem Kind ein Erinnerungsstück als sichtbares Zeichen Ihrer Liebe mit. Meiner Erfahrung nach ist das magische Armband ein einfaches, gut zu tragendes Andenken für Mädchen und Jungen aller Altersstufen. Das Armband ist eine Mama oder ein Papa zum Mitnehmen, Halten und Drücken – wenn auch am Handgelenk Ihres Kindes.

Ähnlich wie die geliebte Decke oder das Kuscheltier Übergangsobjekte beim Einschlafen sein können, ist das magische Armband ein Übergangsobjekt für den Tag (und kann auch nachts sehr nützlich sein). Es ist die fühlbare Erinnerung an Ihre Liebe und Fürsorge, die Ihr Schatz den ganzen Tag tragen, anfassen oder anschauen kann, wann immer ihm danach ist. Damit hat es Ihren Trost und Ihre Zuneigung sozusagen immer bei sich.

Schauen wir uns mal an, wie eine Mutter, Christine, das magische Armband bei ihrem Sohn eingesetzt hat. In ihrer ersten E-Mail bat sie mich um Hilfe:

....

Christine, Mama von Lucas, 6 Jahre, und Levi, 4 Jahre

Trennungsangst, auch im Schulalter

>> *Liebe Elizabeth,*

ich wende mich an Sie wegen meines sechsjährigen Sohnes Lucas. Er ist gerade in die Schule gekommen und es fällt ihm sehr schwer, sich von mir zu trennen. Er vermisst mich schrecklich und will nicht zur Schule gehen. Jeden Morgen weint er schon zu Hause und dann erneut, wenn ich ihn zur Schule bringe. Es tut mir in der Seele weh, ihn in so einem Zustand alleine zu lassen, und für uns beide fängt der Tag ganz furchtbar an.

Wenn ich Lucas von der Schule abhole, scheint es ihm gut zu gehen und er sagt, dass er einen guten Tag hatte. Die Lehrer meinen auch, dass er sich gut eingewöhnt und mitarbeitet. Aber beim Schlafengehen hat er wieder Angst vor der Schule. Er schläft schlecht und rührt sein Frühstück und sein Pausenbrot kaum an. … Ich bin mir sicher, weil er zu gestresst ist.

Ist das normal? Kann ich ihm irgendwie helfen? Ich habe mit seiner Klassenlehrerin gesprochen. Sie meint, so ein Verhalten sei nicht ungewöhnlich und ich solle Geduld haben. Aber es fällt mir schwer, Lucas jeden Morgen so zurückzulassen. Den ganzen Tag mache ich mir Sorgen.

Ich bin dankbar für jeden Tipp, den Sie mir geben können. Ich habe mich schon schwer genug damit getan, dass er jetzt ein Schulkind ist, aber sein Weinen und Flehen macht alles noch schlimmer. Ich fühle mich so furchtbar. :(

Danke für Ihre Mühe. Ich freue mich, bald von Ihnen zu hören! ◄

....

Am liebsten hätte ich Christine und ihren kleinen Lucas erst einmal in den Arm genommen! Ich konnte Ihre Sorgen so gut nachvollziehen, denn ich habe genau dasselbe durchgemacht und auch die Ängste und die Unsicherheit ihres Sohnes kann ich so gut verstehen. Ich konnte mir förmlich vorstellen, wie bei ihnen direkt nach dem Aufstehen Stress und Frust losgingen.

Ich antwortete Christine und versicherte ihr, dass Lucas' Verhalten ganz normal sei. Die Einschulung ist ein großer Schritt im Leben eines Kindes. Ich machte ihr Mut, dass wir einen Weg finden würden. Ich gab ihr einige Informationen und eine ganze Reihe von Tipps, unter anderem zum magischen Armband. Nach nur sechs Tagen erhielt ich von ihr folgende E-Mail:

....

Christine, Mama von Lucas, 6 Jahre, und Levi, 4 Jahre

Das magische Armband ist unsere Rettung!

>> *Hallo Elizabeth,*

danke, danke, danke! :)

Ich habe in der letzten Woche all Ihre Tipps beherzigt und direkt, nachdem ich Ihre E-Mail gelesen hatte, ein Armband für Lucas gebastelt. Am nächsten Morgen gab ich es ihm und sagte, dass darin meine Liebe enthalten sei. Ich hielt es mir ans Herz, küsste es und erklärte ihm, er müsse es nur berühren, wenn er traurig sei oder mich vermisse, dann werde er meine Liebe spüren. Er strahlte übers ganze Gesicht! Das war es! Er nahm das Armband und ging zur Schule – mit einem Lächeln! Seit fünf Tagen gab es überhaupt keine Tränen mehr, nicht eine einzige! :O

Jeden Morgen bittet Lucas mich, wieder Liebe in das Armband zu „zaubern", und legt es sich dann glücklich ums Handgelenk. Als wir heute zur Schule gingen, sagte er: „Mama, danke für dieses Armband! Es hilft mir wirklich!" Mir fehlten die Worte. Sie glauben gar nicht, wie sehr sich hier bei uns alles zum Guten gewendet hat. Vielen, vielen Dank!!!

Mein kleiner Sohn Levi ist jetzt 4 Jahre alt und gerade ein Vorschulkind geworden und auch für ihn habe ich ein Armband angefertigt. Bei ihm lief es eigentlich schon ganz gut (verglichen mit Lucas' Schwierigkeiten ist alles andere gut), aber das Armband hat alles noch mal einfacher gemacht.

Ich habe anderen Eltern, deren Kinder mit Trennungsangst zu kämpfen haben, von Ihren Tipps und unseren Erfolgen erzählt. Jetzt laufen hier bestimmt bald noch einige weitere Vorschulkinder und Erstklässler mit einem magischen Armband herum.

Ich danke Ihnen von ganzem Herzen und spreche da sicher auch in Lucas' Namen. <<

....

Ein magisches Armband für Ihr Kind

Als Erstes sollten Sie das perfekte Armband für Ihr Kind besorgen. Sie können sich in verschiedenen Geschäften umschauen oder auch selbst eins basteln.

Das Armband sollte die folgenden Kriterien erfüllen:

- Keine Kleinteile, die von Ihrem Kind, jüngeren Kindern oder Geschwistern verschluckt werden könnten.
- Stabil und gut verarbeitet.
- Ihr Kind kann es leicht alleine an- und ausziehen.
- Es ist dezent und zeitlos und kann, falls nötig, noch viele Jahre getragen werden.
- Wenn es verloren oder kaputt geht, findet man gut Ersatz.

Stellt sich heraus, dass Ihr Kind das magische Armband gut annimmt und es ihm bei seiner Trennungsangst hilft, sollten Sie vielleicht noch ein oder zwei als Reserve haben, falls eins verloren oder kaputt geht, was ja bei kleinen Kindern öfter vorkommt.

Wenn Sie ein Ersatzarmband haben, sollten die beiden Armbänder regelmäßig ausgetauscht werden, damit beide gleichmäßig abgenutzt werden, denn auch das macht es besonders. Bewahren Sie das zweite Armband gut versteckt auf, damit Ihr Kind es nicht zufällig findet oder verlegt oder unbedingt beide Armbänder gleichzeitig tragen möchte.

Ihr Kind mit dem magischen Armband vertraut machen

Es ist überaus wichtig, Ihrem Kind die Idee des Armbandes richtig zu verkaufen. Wenn es gerade völlig in Tränen aufgelöst ist, bringt es gar nichts, Ihrem Kind das Armband einfach in die Hand zu drücken und dann zu gehen. Dadurch würde es vermutlich nur etwas Negatives mit dem Armband verbinden. Das Armband muss ja auch erst einmal mit Ihrem liebevollen „Zauber" aufgeladen werden, bevor Ihr Kind es sich dann um das Handgelenk bindet und glücklich davon geht.

Erklären Sie behutsam, liebevoll und ruhig, was es mit dem Armband auf sich hat. Auch wenn es bedeutet, dass Sie noch ein paar Tage länger Tränen beim Abschied ertragen müssen – es ist einfach besser, dass Ihr Kind sich langsam an diese Idee gewöhnen kann, anstatt damit im falschen Moment überrumpelt zu werden.

Stellen Sie das Armband vor, wenn sowohl Sie als auch Ihr Kind in guter Stimmung und Sie sich gerade nah sind. Vielleicht möchten Sie es ja sogar als Geschenk einpacken und überreichen.

Abhängig von der Persönlichkeit Ihres Kindes und auch wie Sie selbst zu Themen wie dem Weihnachtsmann, dem Osterhasen oder dem Sandmännchen stehen, können Sie dem Armband eine bestimmte „Zauberkraft" zuschreiben oder es einfach nur mitgeben, um den Abschied zu erleichtern. Im Folgenden finden Sie zwei Beispiele, wie Eltern ihre Kinder mit dem Armband vertraut gemacht haben:

Das wirklich magische Armband

„Ich habe hier etwas ganz Besonderes. Das ist ein magisches Armband, nur für dich. Es hilft dir, damit es dir besser geht, wenn du im Kindergarten bist. Es ist fast so, als hättest du eine klitzekleine Mami bei dir! Es kann sogar Umarmungen und Küsschen und

Liebe speichern. Wenn du also irgendwann mal meine Liebe brauchst, ist sie schon an deinem Handgelenk. Du brauchst nur hinzusehen oder es anzufassen und schon geht es dir besser. Willst du es mal probieren?" (Das Elternteil legt das Armband behutsam und liebevoll um das Handgelenk des Kindes, drückt und küsst es und legt den Arm des Kindes auf seine Brust, um es noch mal ganz fest zu umarmen.)

Das Selbstvertrauen-Armband

„Ich weiß, dass es dir nicht leichtfällt, morgens ohne mich in die Schule zu gehen. Also habe ich mir etwas ganz Besonderes für dich einfallen lassen, das dir helfen wird. Es ist ein magisches Armband und sorgt dafür, dass es Kindern besser geht, wenn sie nicht zu Hause sind. Ich hab dich immer lieb – auch wenn wir nicht zusammen sind – und dieses Armband soll dich daran erinnern, dass ich dich immer, immer lieb habe, auch wenn ich nicht bei dir bin. Du brauchst es nur anzusehen oder anzufassen und dann geht es dir schon besser. Möchtest du es mal umtun?" (Das Elternteil drückt und küsst das Armband und legt es dem Kind dann behutsam und liebevoll ums Handgelenk.)

Weitere Tipps zum magischen Armband

Jedes Kind ist anders und niemand kennt Ihr Kind so gut wie Sie. Die beiden Beispiele oben mögen für Sie passend sein oder Sie stellen Ihrem Kind die Idee passend zur jeweiligen Situation vor. Hier sind ein paar Anregungen, wie andere Eltern vorgegangen sind. Lassen Sie die Vorschläge sacken,

überlegen Sie, was in Ihrem Fall am besten funktionieren könnte, und machen Sie sich einen Plan, bevor Sie loslegen.

Erst meins, dann deins

Kinder, die ihren Eltern gern alles nachmachen, finden am Armband sicherlich gefallen, wenn es zunächst von Mama oder Papa getragen wird. Das bedeutet, dass Sie das Armband erst einmal einige Tage durchgehend tragen, sodass Ihr Kind es sieht und es mit Ihnen in Verbindung bringt. Wenn es dann zu Ihnen gehört, bieten Sie Ihrem Kind an, es auszuleihen, wenn es von zu Hause fort ist. Da es Ihnen „gehört" und Ihr Kind es an Ihnen gesehen hat, kann es für so starke Gefühle wie Zuhause und Geborgenheit stehen. Wenn Sie jeden Tag Parfum benutzen, können Sie morgens auch das Armband damit besprühen, als zusätzliche Erinnerung an Sie.

Ein Armband voller guter Gefühle

Manchen Kindern hilft es, wenn das Armband erst einmal in schönen Momenten getragen wird, damit sie positive Erinnerungen damit verknüpfen. Geben Sie Ihrem Kind das Armband zunächst nur in schönen Situationen. Vielleicht an einem Tag, wenn Sie zu Hause sind und sich besonders viel Zeit für Ihr Kind nehmen können, oder eventuell auch bei einem Familienausflug. Sie können es auch erst während des Vorlesens oder Kuschelns einbeziehen. Sind erst einmal Erinnerungen an glückliche, geborgene Momente mit der Familie daran geknüpft, kann es auch fern von Zuhause Trost spenden.

Wie man das magische Armband nutzt

Verwahren Sie das magische Armband Ihres Kindes an einem festen, sicheren Ort, damit es immer da ist, wenn es gebraucht wird. Eine Möglichkeit wäre ein eigener Haken oder ein Ablagefach bei der Haustür, damit Ihr Kind das Armband dort direkt ablegen und beim Gehen mitnehmen kann.

Bringen Sie Ihr Kind mit dem Auto zur Schule, könnten Sie das Armband auch an einem festen Platz im Wagen aufbewahren. Es im Auto morgens an- und nach der Schule wieder abzulegen kann Teil des Rituals werden.

Auch ein bestimmtes Ritual beim Anlegen kann hilfreich sein. Vielleicht wollen immer Sie es Ihrem Kind umtun, das Armband dann streicheln und küssen und dabei einen „Zauberspruch" sagen.

Zaubersprüche

Ob Sie das Armband Ihres Kindes nun mit liebevollem Zauber aufladen möchten oder es nur ein Trostspender sein soll – ich lege Ihnen in beiden Fällen ans Herz, einen bestimmten Spruch zu sagen, wenn Sie es Ihrem Kind um das Handgelenk legen. Diese Worte werden Teil des Rituals und ein wichtiger Teil des Zaubers sein.

··

Tim, Papa von Emerson, 5 Jahre

Ein Zauberspruch für das Zauberarmband

❱❱ *Als ich Emerson zum ersten Mal das Armband umgetan habe, habe ich meinen Stift als Zauberstab benutzt und einige selbstausgedachte Worte gemurmelt. Jetzt muss ich immer mit dem Stift wedeln und den Zauberspruch dazu sagen!* ❰❰

··

Ihr Zauberspruch sollte kurz und niedlich sein, denn mit der Zeit wird es wohl reichen, dass Sie ihn Ihrem Kind beim Abschied schnell ins Ohr flüstern. Dieser Satz wirkt oft noch lange, nachdem das Armband bereits in einer Schublade verschwunden ist und die bloße Berührung des Handgelenkes all die schönen, beruhigenden Gefühle heraufbeschwört.

Die magischen Worte können Sie entweder selbst sagen oder gemeinsam mit Ihrem Kind. Nachfolgend finden Sie einige Beispiele der Testfamilien, die Sie übernehmen oder als Inspiration verwenden können:

„Hier kommen ganz viele Mami-Küsschen, die dich den ganzen Tag begleiten. Ich wünsche dir einen ganz tollen Tag!"

„Vergiss nicht: Dein magisches Armband ist so, als hättest du Mama in der Schule bei dir. Wenn dir nach einer Umarmung ist, musst du es nur berühren!"

„Ein magisches Armband für dich allein
Umarmungen und Küsse sollen darin sein
Trag es den ganzen Tag bei dir
Damit du weißt: Papa ist bei mir."

Das magische Armband dosiert anwenden
Sie sollten einführen, dass Ihr Kind das Armband beim Nachhausekommen direkt ablegt, damit es wirklich nur dann getragen wird, wenn Sie voneinander getrennt sind. Ein Armband, das den ganzen Tag getragen wird, verliert seinen Zauber und wird auch leichter verlegt. Es gibt nichts Schlimmeres als ein unauffindbares Armband, wenn man gerade auf dem Weg zur Schule oder zum Kindergarten ist! (Sollte das doch einmal passieren, kommt das Ersatzarmband zum Einsatz. Für solche Situationen sollten Sie immer eins an einem geheimen Ort aufbewahren.)

Braucht Ihr Kind erst einmal sein Armband, um über den Tag zu kommen, ist es zu einem unverzichtbaren Bestandteil seines Lebens geworden. Fehlt das Armband dann, ist der ganze Tag im Eimer. Stellen Sie sich schon einmal darauf ein, ein vergessenes Armband noch in die Schule oder die Kita zu bringen.

Wann das magische Armband zum Tragen kommt
Das magische Armband kann immer dann zum Einsatz kommen, wenn Sie und Ihr Kind nicht zusammen sind, egal wer von Ihnen beiden geht.

Hier einige Beispiele:
- Kindergarten
- Schule
- beim Babysitter
- Kinderbetreuung im Fitnessstudio, im Einkaufszentrum oder während des Gottesdienstes
- Krankenhausaufenthalt
- Klassenfahrt
- Ferienfahrt
- Geburtstagsfeier
- Verabredungen zum Spielen
- Übernachtungen bei Freunden
- Familienbesuche
- Dienstreisen
- Scheidung/getrennt lebende Eltern
- Mittagsschlaf
- nachts

Wie Sie Ihr Kind vom magischen Armband entwöhnen

Kinder verlassen sich auf unterschiedliche Weise auf die Kräfte ihres Armbandes und sie werden sich auch auf verschiedene Weise von ihm entwöhnen. Das passiert selten von heute auf morgen. Meist wird es langsam immer weniger wichtig. Da so ein Armband unauffällig und leicht zu tragen ist, brauchen Sie Ihr Kind nicht dazu drängen, es nicht mehr zu tragen. Geben Sie Ihrem Kind möglichst die Zeit, die es braucht.

Sicherlich fällt Ihnen mit der Zeit auf, dass es sein Armband immer seltener braucht. Vielleicht „vergisst" es mal, danach zu fragen, oder sagt eines Morgens, dass es gar nicht mehr gebraucht wird. Dann sollten Sie es dennoch in den Rucksack Ihres Kindes packen, damit es das Armband zwar nicht mehr am Handgelenk, aber dennoch dabeihat. Sollte Ihr Kind nämlich seine Meinung ändern, in eine schwierige Situation kommen oder einfach nur merken, dass es schlichtweg vergessen hat, das Armband beim Gehen anzulegen, ist es griffbereit.

Wird das Armband öfter zu Hause gelassen als getragen oder wandert es im Rucksack ganz nach unten, ist Ihr Kind aus der Phase herausgewachsen, dass es diese magische Unterstützung braucht. Aber selbst dann

sollten Sie das Armband noch an einem sicheren Ort aufbewahren, falls es doch noch einmal gebraucht wird. Vielleicht kommt Ihr Kind in Zukunft mit einer neuen Trennungssituation in Kontakt, der ersten Pyjama-party, einem Krankenhausaufenthalt oder anderen schwierigen Übergangssituationen. Hat das Armband einmal funktioniert, wird es das sicherlich auch ein weiteres Mal tun. Und wenn nicht, ist es ein schönes Andenken, das Sie und Ihr Kind daran erinnert, wie groß es schon geworden ist.

Trennungsangst in bestimmten Situationen

Hier finden Sie Ideen, um Ihr Kind zu unterstützen, sei es zur Eingewöhnung im Kindergarten bei der ersten Übernachtung woanders oder bei Dienstreisen der Eltern.

Für jede Situation die passende Lösung

Ob Babysitter, Oma, Tagesmutter, Schule, die Geburtstagsfeier beim besten Kindergartenfreund – Trennungssituationen gibt es viele. Lösungen auch.

Die Anregungen aus den vorangegangenen Kapiteln dieses Buches sind Hilfen, mit denen Ihr Kind besser mit der Trennungsangst zurechtkommt. In diesem Kapitel gebe ich Ihnen nun Tipps für ganz konkrete Situationen. Was Sie hier lernen, wird Ihnen dabei helfen, den Schlachtplan für den Umgang mit der Angst Ihres Kindes zu verfeinern, wenn eine Trennung unumgänglich ist.

Seien Sie achtsam und aufmerksam

In der Erziehung gibt es so viele verschiedene Wege, wie es auch Kinder gibt. Je nach Persönlichkeit, Familie und Situation wird der Plan zum Umgang mit Trennungsangst anders aussehen. Und auch wenn Ihr Plan steht, haben Sie bitte weiterhin ein Auge auf die Entwicklung Ihres Kindes, um den Plan gegebenenfalls ein wenig anzupassen. Denken Sie daran: Kinder wachsen und ändern sich von Tag zu Tag, was heute funktioniert, hilft morgen vielleicht nicht mehr. Das Le-

ben mit Kindern hält Sie auf Trab, aber wenn Sie die passenden Wege für Ihr Kind finden und ihm helfen können, gehört das zu den erfüllendsten Momenten des Elternseins.

Suchen Sie passende Kinderbücher

Gemeinsam Bücher anschauen und lesen ist eine wundervolle Möglichkeit, Ihrem Kind Dinge näherzubringen und miteinander ins Gespräch zu kommen.

Lesen Sie jedes Buch, das Ihnen zu passen scheint oder Ihnen empfohlen wird, erst einmal selbst, um zu überprüfen, ob es für Ihr Kind tatsächlich geeignet ist. Bücher, die eine negative Sichtweise haben oder in Ihrem Kind sogar neue Ängste auslösen könnten, an die es selbst noch nicht einmal gedacht hat, sollten Sie direkt verbannen. Halten Sie Ausschau nach Büchern, die Ihrem Kind zeigen, dass es mit seinen Ängsten nicht alleine ist, und in denen Lösungsmöglichkeiten aufmunternd

Wenn Sie das Zimmer nicht verlassen können

....

Mama von Ben, 3 Jahre

Immer das gleiche Drama

>> *Für meinen Sohn ist es ganz schlimm, wenn ich zwar zu Hause bin, aber keine Zeit für ihn habe (wenn ich zum Beispiel dusche oder im Arbeitszimmer zu tun habe). Meist stampft er wütend, weint und schreit. Ich gehe nicht darauf ein und gehe nicht zu ihm, weil ich glaube, dass die Situation dann weiter eskalieren würde Stattdessen sagt ihm mein Mann, dass ich bald wieder da bin. Aber das nützt nichts, er weint einfach weiter.* <<

....

und ermutigend dargestellt werden. Schön, wenn das Buch auch konkrete Tipps gibt und ein Happy End hat.

Ideen und Möglichkeiten

Lesen Sie erst einmal alle Vorschläge in diesem Kapitel in Ruhe durch. Wenn Sie sich schon im Vorfeld in ein Thema einlesen, sind Sie für alle möglichen kommenden Herausforderungen gewappnet oder Sie stoßen womöglich auf eine Idee, die für eine Freundin, Nachbarin oder andere Mutter im Kindergarten oder in der Schule hilfreich sein könnte. Ein Tipp, der bei einer bestimmten Situation aufgeführt ist, lässt sich oft auch auf andere Bereiche übertragen, so können die Ratschläge zum Thema Babysitter auch bci der Eingewöhnung bei der Tagesmutter, in der Kita oder im Kindergarten helfen. Und auch die Verabschiedungsrituale funktionieren natürlich nicht nur im Kindergarten, sondern auch bei der Oma oder bei der Kinderbetreuung im Fitnessstudio.

Solche Szenen kennen wir wohl alle. Als Mutter eines Kleinkindes fragt man sich, ob man jemals wieder ungestört alleine ins Bad gehen kann. Es mag zwar einfacher sein, auf das Weinen Ihres Kindes nicht zu reagieren, aber dadurch können seine Ängste noch schlimmer werden, da es befürchtet, Sie wären für immer gegangen. Die gute Nachricht ist, dass auch dies nur eine Phase ist, die schneller vorbeigehen kann, wenn Sie die folgenden Vorschläge ausprobieren.

Das Tür-Spiel

Dieses Spiel kann Ihrem Kind helfen, sich auf der anderen Seite der Tür wohler zu fühlen. Machen Sie zunächst Tiergeräusche, imitieren Sie zum Beispiel eine Kuh, einen Löwen oder einen Hund. Ihr Kind soll erraten, welches Tier Sie nachmachen, oder es soll einfach Sie imitieren. Hat es das Spiel verstanden, setzen Sie es auf den Boden vor die Tür, gehen Sie selbst auf die andere Seite der Tür, aber lassen Sie sie einen Spalt offen. Spielen Sie das Spiel einmal so und dann bei geschlossener Tür. Danach können Sie das Spiel auch spielen, wenn Sie im Bad sind und Ihr Kind vor der Tür wartet. Es wird ihm nicht nur Spaß machen, Ihr Kind kann so auch besser verstehen, dass Sie auch dann da sind, wenn zwischen ihnen beiden eine Tür ist. Wenn Sie arbeiten oder sich auf etwas konzentrieren müssen, ist dieses Spiel natürlich ungeeignet.

Machen Sie einen Probelauf

Bitten Sie jemand anders, mit Ihrem Kind zu spielen – während Sie anwesend sind. Ziehen Sie sich langsam ein kleines Stück zurück. Etwas später verlassen Sie für einige Minuten das Zimmer, kommen aber zurück, bevor die Stimmung kippt, und sagen fröhlich: „Hey, du hattest offensichtlich viel Spaß!" Steigern Sie langsam die Zeit Ihrer Abwesenheit auf fünf Minuten, dann auf fünfzehn und so weiter. Jeden Tag so ein kurzer Probelauf hilft Ihrem Kind, wenn es dann ernst wird.

Lassen Sie Ihr Kind sich in ein Spiel vertiefen

Gehen Sie erst aus dem Zimmer, wenn Ihr Kind mit etwas beschäftigt ist, dann kann ein anderer Erwachsener die Aufsicht übernehmen und Sie sich zurückziehen. Viele Babys und Kleinkinder schauen liebend gern aus dem Fenster, beobachten Bäume oder die Nachbarschaft – eine tolle Beschäftigung, denn so liegt der Fokus Ihres Kindes auf dem, was draußen passiert und nicht auf Ihnen. Sind Ihr Kind und die Betreuungsperson erst einmal beschäftigt, können Sie sich ausklinken und die beiden spielen lassen.

Gönnen Sie Ihrem Kind Zeit für sich

Geben Sie Ihrem Kind tagsüber immer wieder die Möglichkeit, sich selbst zu beschäftigen. Oft sind wir so vernarrt in unsere Kinder, dass wir ganz vergessen, Ihnen etwas Unabhängigkeit zuzugestehen – für Ihr Kind ist es toll, wenn es sieht, dass es sich auch gut selbst beschäftigen kann. Achten Sie auf Momente, in denen Ihr Kleines zufrieden mit einem Spielzeug beschäftigt ist – dann ziehen Sie sich ein Stückchen zurück. Gibt es keinen Protest, entfernen Sie sich noch etwas weiter. Klappt auch das, beschäftigen Sie sich mit etwas, zum Beispiel am Computer oder am Herd, haben aber dennoch Ihr Kind im Blick. Solche Probedurchgänge zahlen sich aus, wenn es dann ernst wird und Sie die Tür hinter sich schließen.

Häppchenweise üben

Manchmal hilft es, wenn Sie die Zeitspanne, die Sie insgesamt abwesend sein werden, erst einmal in kürzere Zeiträume aufteilen und in kürzeren Abständen das Zimmer verlassen und wieder zurückkommen. Dehnen Sie die Zeiten Ihrer Abwesenheit langsam in dem Maße aus, wie Ihr Kind sich daran gewöhnt. Morgens könnten Sie sich und Ihr Kind beispielsweise eine halbe Stunde früher für den Tag fertig machen und dann immer mal wieder aus dem Sichtfeld verschwinden.

Eine Spielzeugkiste für besondere Gelegenheiten

Packen Sie besondere Spielsachen in eine eigene Kiste, die nur zum Einsatz kommt, wenn Ihr Kind ohne Sie ist, wenn Sie also zum Beispiel zu Hause arbeiten müssen oder duschen wollen. Sind Sie wieder bei Ihrem Kind, werden alle Spielsachen eingesammelt

und die Kiste bis zum nächsten Mal wegge-
packt. Tauschen Sie den Inhalt hin und wieder
aus, damit er interessant bleibt. Wird die
Spielzeugkiste Teil Ihres Rituals, freut sich Ihr
Kleines vielleicht schon auf das nächste Mal.

Nehmen Sie Ihr Kind manchmal mit

Manchmal muss Ihr Kind einfach vor der
Tür warten, manchmal ist dies aber nicht
zwingend nötig. Wenn Sie sich morgens
beispielsweise für den Tag fertig machen,
kann Ihr Kind bei jemand anders bleiben,
wenn Sie gerade duschen, aber bei Ihnen
sein, wenn Sie sich die Haare machen und
schminken. Bereiten Sie einen kleinen Platz
auf dem Boden vor, wo Ihr Kind spielen
kann. Denken Sie daran: je älter Ihr Schatz
wird, umso weniger wird er stets bei Ihnen
sein wollen und vielleicht vermissen Sie es
dann sogar, wenn er nicht mehr mit Ihnen
im selben Raum sein will.

Mehr Zeit mit anderen

Sehr oft hängt ein Kind bevorzugt an einem
Elternteil. Meist kümmert sich genau diese
Person immer um seine Grundbedürfnisse.
Dann steht dieser Mensch (meistens die
Mama) für Sicherheit und es ist ziemlich
unfair, der sichere Hafen für das Kind zu sein
und dann zu erwarten, dass eine Trennung
problemlos und ohne Tränen erfolgen kann.

Stellen Sie fest, dass Sie die meiste Zeit des
Tages mit Ihrem Kind zusammen sind, versuchen Sie, dass andere vertraute Personen
mehr Zeit alleine mit Ihrem Kleinen verbringen. Beginnen Sie mit kurzen Momenten
und dehnen Sie diese dann aus. Durch die
Erfahrung wächst auch das Vertrauen Ihres
Kindes und es wird merken, dass auch andere sich um seine emotionalen und körper-

lichen Bedürfnisse kümmern – und dass
man mit ihnen sogar Spaß haben kann.

Damit dieser Ansatz klappt, sollten Sie die
beiden nicht die ganze Zeit überwachen. Sie
werden ihren eigenen Weg finden. Schenken
Sie Ihrem Kind ein vertrauensvolles „Oma
passt jetzt auf dich auf. Mama geht solange
duschen". Kehren Sie nicht sofort zurück,
wenn Ihr Kleines beim Gehen protestiert.
Lassen Sie dem anderen Erwachsenen die
Chance, sich zu kümmern. Er wird vielleicht
anders handeln als Sie, aber so erlebt Ihr
Kind, dass auf der Welt nicht jeder so ist wie
die Mama. Sie vertrauen dieser Person, also
lassen Sie sie das regeln. Gehen Sie duschen,
bereiten Sie das Essen vor oder gehen Sie
joggen und lassen Sie die Betreuungsperson
und Ihr Kind einen eigenen Weg finden.

···

James, Papa von Jack, 10 Monate

Auch Papas große Zeit wird kommen!

>> *Vor einigen Monaten schlug die „Ma-*
ma-Trennungsangst" zum ersten Mal zu.
Jack und ich haben richtig toll miteinan-
der gespielt. Wir haben gelacht und hatten
eine schöne Zeit. Dann kam seine Mutter
ins Zimmer und schlagartig war alles
anders. Er sah todunglücklich aus und be-
gann zu weinen. Er streckte die Arme nach
ihr aus und wollte von ihr hochgenom-
men werden. Das kannten wir schon von
meiner Nichte, wir waren also vorbereitet.
Mittlerweile ist sie ein großes Mädchen
und ein totales Papakind. So nehmen wir
Jacks Vorliebe für Mama einfach mit ei-
nem Schmunzeln hin, denn es ist alles nur
eine Phase und im Moment ist eben meine
Frau die absolute Nummer 1. <<

···

Wenn Ihr Kleines sieht, dass dieser Mensch ähnlich gut auf seine Bedürfnisse eingeht wie Sie, wird es das auch anderen Erwachsenen zutrauen. Und wenn andere Menschen Zeit mit Ihrem Kind verbringen dürfen, ohne dass Sie mit Argusaugen danebenstehen, werden diese ganz entspannt die Freundschaft mit Ihrem Kind genießen.

Geben Sie Ihrem Kind etwas zu tun

Einem älteren Kleinkind oder Vorschulkind können Sie auch eine Aufgabe übertragen, bevor Sie gehen. Geben Sie ihm einen Besen und bitten Sie ihn, den Boden zu fegen, lassen Sie ihn Socken sortieren oder geben Sie ihm Papier und Stifte, damit es ein schönes Bild für Sie malen kann. Wenn Ihr Kind damit beschäftigt ist, etwas für Sie zu tun, trennt es sich möglicherweise leichter von Ihnen.

Denken Sie positiv

Realistische Erwartungen helfen sowohl Ihnen als auch Ihrem Kind. Wenn Ihr Baby in Tränen aufgelöst ist, machen Sie nicht den Fehler, sich Vorwürfe zu machen, was Sie ihm gerade antun. Sie gehen doch schließlich nur in ein anderes Zimmer! Ihr Kind ist in der Obhut eines anderen Erwachsenen. Für ihn ist es doch toll zu sehen, dass die Welt auch dann noch in Ordnung ist, wenn Mama gerade nicht da ist.

Die Persönlichkeit Ihres Kindes

In Trennungssituationen reagiert jedes Kind anders. Beobachten Sie, wie Ihr kleiner Liebling auf alles Neue und Unbekannte reagiert, damit Sie abschätzen können, wie Sie seinen Bedürfnissen am besten gerecht werden.

Babysitter-Blues: Ihr Kind akzeptiert keinen Babysitter?

Mama von Marc, 3 Jahre

Werden wir je wieder ausgehen?

>> *Wir würden so gern mal wieder abends essen oder ins Kino gehen, aber als sich einmal ein Babysitter um unseren Sohn gekümmert hat, mussten wir uns aus dem Haus schleichen und sie erzählte uns später, dass der Kleine eine ganze Stunde weinend am Fenster stand! Wir kamen uns wie die schlimmsten Rabeneltern auf der ganzen Welt vor! Und jetzt haben wir natürlich Angst vor einem weiteren Fiasko.* <<

Sie sind ganz sicher keine Rabeneltern – Sie sind ganz im Gegenteil gerade auf dem besten Weg, sehr gute Eltern zu werden. Das Verhalten Ihres Sohnes ist ein Zeichen für die Liebe, Sicherheit und Geborgenheit, die er bei Ihnen empfindet und die ihm fehlen, wenn Sie nicht da sind. Also klopfen Sie sich erst einmal auf die Schulter – Sie haben nämlich eine sichere, starke Bindung zu Ihrem Sohn aufgebaut.

Da Ihre Familie belastbar ist, ist es vollkommen in Ordnung – mehr noch: Es ist sogar gut für Sie alle, wenn ein Babysitter auf Ihr Kind aufpasst, damit Sie mal wieder ausgehen, Besorgungen machen, Freunde treffen oder eine Runde durch den Park joggen können. Die folgenden Tipps sollen Ihnen helfen, diesen neuen Abschnitt im Familienleben ganz ohne schlechtes Gewissen anzugehen.

Wählen Sie den Babysitter mit Bedacht

Oft ist es einfacher, wenn Ihr Kind den Babysitter gut kennt. Suchen Sie nicht nur jemanden, der Ihr Kind mag, sondern der auch geduldig auf Tränen und Sorgen eingeht. Auch wenn Ihre beste Freundin Ihr Baby vielleicht abgöttisch liebt, mag sie nicht die Richtige im Umgang mit Trennungsangst sein, wenn sie selbst keine Kinder hat und keine Erfahrung, wie man mit Kindern umgeht. Eine erfahrene Mutter oder ein erfahrener Vater (besonders wenn deren Kinder selbst Trennungsangst hatten) schüttelt sicherlich mehrere Asse aus dem Ärmel, um Ihrem Kleinen bei dieser neuen Erfahrung beizustehen.

Bleiben Sie realistisch

Sie stecken Ihr Kind nicht in eine Folterkammer, auch wenn es sich vielleicht so anhören mag! Es bleibt doch bei einem kompetenten Babysitter zurück, mit vielen Spielsachen und genug zu essen. Natürlich ist es unheimlich schwer, sein Kind weinen und klammern zu sehen – aber das sollte Sie nicht dazu verleiten, die Situation noch mehr aufzubauschen. Ihre ruhige Art wird Ihr Kind überzeugen, dass alles in Ordnung ist, da es Ihrem Urteil vertraut.

Langsam anfangen, dann steigern

Erlauben Sie Ihrem Kind, wenn möglich, sich langsam an einen Babysitter zu gewöhnen. Sie können Schritt für Schritt sein Vertrauen darin steigern, dass auch dann alles in Ordnung ist, wenn Sie nicht da sind. Beim ersten Treffen kümmert der Babysitter sich um Ihr Kind, während Sie auch noch da sind. Vielleicht müssen Sie sich sogar daran erinnern, das Zimmer nicht zu verlassen – versuchen Sie einfach, sich in einer Ecke unsichtbar zu machen. Kommentieren Sie nichts, egal was für niedliche Dinge Ihr Kind auch macht, und schlagen Sie dem Babysitter nicht vor, was er tun könnte. Seien Sie einfach nur still anwesend. Beim nächsten Treffen bleiben Sie weiterhin zu Hause, aber verlassen den Raum. Kommt Ihr Kind hinterher, gehen Sie einfach für einige Minuten wieder zurück ins Zimmer und versuchen es dann erneut, gehen immer mal hinaus und wieder hinein und bleiben jedes Mal ein wenig länger draußen. Ein paar neue Spielsachen könnten eine nette Ablenkung sein. Auf den ersten Blick scheint es vielleicht absurd, einen Babysitter dafür zu bezahlen, dass er bei Ihrem Kind und bei Ihnen bleibt, aber das Geld ist gut angelegt, wenn Ihr Schatz den Babysitter dadurch akzeptiert und mag.

Nach diesen Trockenübungen zu Hause planen Sie einige kurze Treffen, bei denen Sie für zehn oder fünfzehn Minuten aus dem Haus gehen. Seien Sie leise, wenn Sie zurückkommen. Gehen Sie nicht ins Zimmer, wenn Ihr Kind gerade weint – sonst meint es vielleicht, dass es nur weinen braucht, damit Sie nach Hause kommen, woraufhin es beim nächsten Mal womöglich länger und lauter weint. Gehen Sie also lieber leise ins Haus und warten Sie einen günstigen Moment ab, um zu Ihrem Kind zu gehen.

Nach einigen erfolgreichen Testläufen sind Sie bereit für den Ernstfall, bei dem Sie längere Zeit fern bleiben. Versuchen Sie, die Babysitterzeit allmählich zu steigern. Auch ein Kind, das mit dem Babysitter gut zurechtkommt, kann plötzlich Trennungsangst bekommen, wenn ihm die Betreuungszeit zu lang wird. Dann kann die Stimmung schnell kippen und alle bisherigen Erfolgserlebnisse sind womöglich vergessen.

Wenn Sie einen guten Babysitter haben, wird Ihr Kind sich mit der Zeit vielleicht sogar auf das nächste Treffen mit seinem neuen erwachsenen Spielkameraden freuen.

Gehen Sie, wenn Ihr Kind ausgeruht und nicht zu hungrig ist

Der Babysitter sollte zu Beginn entweder morgens kommen, nachdem Ihr Kind aufgestanden ist, oder nach dem Mittagsschlaf. Ein ausgeruhtes Kind ist flexibler als ein müdes.

Es ist gar nicht schlecht, falls Ihr Kleines Hunger hat, wenn der Babysitter kommt – solange es nicht total ausgehungert ist. Eine gemeinsame Mahlzeit ist eine tolle Möglichkeit, das Eis zu brechen, also nutzen Sie sie, wenn es sich zeitlich einrichten lässt.

Lassen Sie los!

Wenn Sie sich für einen liebevollen, erfahrenen Babysitter entschieden haben, atmen Sie tief durch und lehnen Sie sich entspannt zurück. Vertrauen Sie darauf, dass während Ihrer Abwesenheit alles gut geht. Geben Sie dem Babysitter Ihre Telefonnummer und hinterlassen Sie eine Notiz, wohin Sie gehen. Bitten Sie ihn, sich zu melden, wenn etwas ist. Kommt kein Anruf – genießen Sie die Zeit! Sie und Ihr Kind werden sich bald wiedersehen und diese Auszeit tut Ihnen gut und ist auch für die Entwicklung Ihres Kindes wichtig.

Planen Sie genügend Zeit für die Übergabe ein

Bereiten Sie alles vor, damit Sie im letzten Moment nicht hektisch durch das Haus hetzen müssen. In der Stunde bevor Sie gehen, sollten Sie bereits geduscht, sich angezogen und alles Wichtige für den Babysitter vorbereitet haben. Wenn Sie erst durch das Haus eilen und dann eilig aus der Tür stürzen, kann das die Trennungsangst Ihres Kindes vergrößern. Vielleicht darf Ihr Kind ja bei Ihnen sein und spielen, während Sie sich fertig machen. Ruhige Musik im Hintergrund schafft dabei eine angenehme Atmosphäre. Eine entspannte Vorbereitung und eine ruhige Verabschiedung tun auch Ihrem Kind gut.

Verabschieden Sie sich schnell und entspannt

Legen Sie etwas bereit, was der Babysitter mit Ihrem Kind spielen oder basteln kann. Ist Ihr Kind mit dem Babysitter beschäftigt, verabschieden Sie sich kurz, lächeln, winken und gehen. Läuft gerade alles gut, würde es eher stören, wenn Sie sich ausschweifend verabschiedeten und somit Ihr Kind noch einmal bewusst darauf hinwiesen, dass Sie gehen. Womöglich würde genau das einen neuen Trennungsangstanfall auslösen.

Reichen Sie Ihr Kind nicht einfach weiter

Geben Sie Ihr Baby einem anderen Erwachsenen plötzlich auf den Arm, ist das ein dramatisches Signal dafür, dass sich etwas verändert, und löst oft Protest aus. Der Wechsel kann leichter fallen, wenn Ihr Kind auf dem Boden spielt oder in einer Wippe oder im Hochstuhl sitzt, während Sie es verlassen. So vermeiden Sie, dass es wortwörtlich „von Ihnen weggenommen wird", was Panik auslösen kann. Ein weiterer Vorteil dabei ist, dass Ihr Schatz gerade mit Spielen oder Essen beschäftigt ist und sein Augenmerk gar nicht auf Ihnen liegt.

....

Dean, Papa von Joshua, 10 Monate

Wir reichen Joshua nicht mehr weiter

》 *Uns hat die Idee gefallen, Joshua nicht direkt seiner Oma auf den Arm zu geben, wenn wir gehen, denn genau dann weint er meistens. Ich habe ihn stattdessen in seine Wippe gelegt, die Oma hat gesungen und seine Lieblingsspielsachen dazu tanzen lassen. So hatte sie seine volle Aufmerksamkeit. Joshua hat kaum bemerkt, dass Alex und ich aus dem Haus gegangen sind.* ◁•

....

Kehren Sie nicht um

Haben Sie auch alles dabei? Geldbörse, Schlüssel, Jacke, Ticket und was Sie sonst noch brauchen? Wenn Sie sich verabschieden, die Wohnung verlassen und dann kurz zurückkehren, kann die Trennungsangst doppelt so schlimm werden.

Keine Tränen am Fenster

Sicherlich kennen Sie das auch: Das Kind steht weinend am Fenster und winkt zum Abschied. Manche Kinder brauchen diese Art der Verabschiedung und nach einem letzten Winken ist für sie dann auch alles wieder gut. Oft macht das Winken am Fenster den Trennungsschmerz aber nur noch schlimmer. Vielleicht ist es für Ihr Kind leichter, wenn es Ihnen kurz zum Abschied winkt, während es gerade spielt.

Wechseln Sie den Betreuungsort

Haben Sie Verwandte oder Freunde mit Kindern, probieren Sie doch einmal aus, ob Ihr Kind sich bei ihnen zu Hause betreuen lässt. Manchmal klappt es an einem anderen Ort mit neuen Spielsachen und Spielkameraden viel besser als zu Hause. Auch dann können Sie schrittweise vorgehen, wie im Kapitel „Trennung üben" (Seite 32) beschrieben.

Vermeiden Sie, dass der Babysitter Ihr Kind abholt

Manche Kinder haben Angst, wenn der Babysitter sie abholt und mit ihnen irgendwo hingeht. Trifft das auf Ihr Kind zu, lassen Sie den Babysitter lieber zu Ihnen nach Hause kommen oder bringen Sie Ihr Kind selbst zum Babysitter. Das ist besser, als wenn jemand Ihr Kind aus seinem sicheren Zuhause reißt und mitnimmt.

Telefonate mit dem Babysitter

Möchten Sie nachfragen, ob während Ihrer Abwesenheit alles in Ordnung ist, sprechen Sie im Vorfeld mit dem Babysitter darüber. Hört Ihr fröhlich spielendes Kind plötzlich Ihre Stimme auf dem Anrufbeantworter, bekommt es dadurch möglicherweise Sehnsucht nach Ihnen. Ein Anruf, während beide spielen, ein Buch anschauen oder es ins Bett geht, kann die Pferde unnötig scheu machen. Besser ist es, wenn der Babysitter Sie zu einer vereinbarten Zeit anruft oder Sie sich nur Textnachrichten schicken.

Geben Sie Ihrem Kind etwas von Ihnen mit

Ein magisches Armband kann helfen, aber auch jedes andere Erinnerungsstück an Sie und Ihre Liebe. Manche Kinder lieben es, das T-Shirt von Mama oder Papa zu tragen oder auf deren Kopfkissen schlafen zu dürfen.

Regeln kann man brechen – besonders wenn der Babysitter da ist

Was ist das Schöne an einem Babysitter? Dass man auch mal Dinge machen darf, die bei Mama und Papa tabu sind! Länger aufbleiben, Süßigkeiten essen oder auf den Sofakissen herumspringen sind Sachen, die Ihrem älteren Kind sicherlich gefallen.

Eine Überraschungskiste für die Zeit mit dem Babysitter

Befüllen Sie eine Kiste, ein Schubfach oder ein Schränkchen mit Spielen, Spielsachen und anderen Dingen, die nur hervorgeholt werden, wenn der Babysitter da ist. Tau-

schen Sie den Inhalt regelmäßig aus. Wenn Sie darauf achten, dass die Sachen wirklich nur dann benutzt werden, wenn der Babysitter aufpasst, wird sich Ihr Kind sehr wahrscheinlich darauf freuen.

Gehen Sie nicht, wenn Ihr Kind schläft

Fast jeder, dessen Kind an Trennungsangst leidet, zieht diese Möglichkeit in Betracht. Aber widerstehen Sie der Versuchung, selbst wenn Ihr Kind normalerweise die ganze Nacht durchschläft. Wie es der Zufall will, wird das bestimmt der erste Abend sein, an dem es doch aufwacht. Wenn Ihr Kind wach wird und Sie nicht da sind, könnte das alle bisherigen Erfolge in Sachen Fremdbetreuung zunichtemachen. Schleichen Sie bitte niemals aus dem Haus, wenn Ihr Kind schläft, nur um einen tränenreichen Abschied zu umgehen. Wenn es dann aufwacht, könnte alles nur noch schlimmer werden.

Bereiten Sie Ihr Kind auf das vor, was kommt

Sagen Sie Ihrem Kind, kurz bevor der Babysitter kommt, was passieren wird. Bleiben Sie knapp und verständlich und geben Sie, wenn möglich, Zeitangaben, mit denen Ihr Kind etwas anfangen kann, wie zum Beispiel: „Nach dem Mittagessen bin ich wieder da." Fangen Sie aber nicht zu früh mit dieser Vorbereitung an und lassen Sie es kein ernstes Gespräch werden, das die Angst steigern könnte. Erzählen Sie einfach etwa eine halbe Stunde bevor Sie gehen oder bevor der Babysitter kommt ganz fröhlich, was passieren wird.

Verabschieden Sie sich auf jeden Fall

Vielleicht hatten Sie schon unschöne Trennungserlebnisse in der Vergangenheit und nun spielt Ihr Kind ganz glücklich mit dem Babysitter – die Versuchung ist groß, sich einfach leise aus dem Staub zu machen. Ein paar Minuten lang geht vielleicht auch alles gut, aber sobald Ihr Schatz merkt, dass Sie nicht mehr da sind, könnte er in Panik verfallen. Und noch gravierender: Seine Trennungsangst könnte allgemein schlimmer werden, da Ihr Kind gar nicht weiß, wann Sie das nächste Mal verschwinden.

Machen Sie sich auf Rückschläge gefasst

Auch wenn Ihr Kind eine positive Erfahrung mit dem Babysitter gemacht hat, mag es beim nächsten Treffen dennoch wieder zurückhaltend sein. Das ist vollkommen normal. Bleiben Sie gelassen und geben Sie Ihrem Kind Zeit (während der Sie in der Nähe sind), wieder mit dem Babysitter warm zu werden. Sobald die beiden beschäftigt sind, verabschieden Sie sich kurz und gehen.

Wenn Mama und Papa arbeiten gehen

....

Mama von Tom, 2 Jahre

Ich muss zurück in den Job

>> *In einigen Wochen fange ich wieder an zu arbeiten und mache mir schon Sorgen, wie wohl mein Kleinkind reagiert, wenn ich es wochentags alleine lassen muss. Wie kann ich ihm bei dieser Umstellung helfen?* <<

....

Es gibt viele Möglichkeiten, wie Sie Ihr Kleines auf Ihren Wiedereinstieg ins Berufsleben vorbereiten und mit seiner Trennungsangst umgehen können. Die gute Nachricht ist, dass die allermeisten Kinder ihre Trennungsangst überwinden und sich daran gewöhnen, zur Tagesmutter oder in die Kita zu gehen oder zu Hause von einer Kinderfrau betreut zu werden. Es braucht Geduld und gute Vorbereitung, aber Sie können Ihrem Kind bei diesem großen Schritt helfen.

Schaffen Sie es im Vorfeld, Ihr Kind auf das, was kommt, vorzubereiten, können Sie die Trennungsangst zwar nicht gänzlich vermeiden, aber doch minimieren. Manches ergibt sich erst dann, wenn der neue Tagesablauf greift. Im Vorfeld können Sie einige der folgenden Ideen ausprobieren.

Üben Sie mit Ihrem Kind

Hatte Ihr Kind nur selten oder gar nicht mit anderen Betreuungspersonen zu tun, fangen Sie jetzt damit an. Üben Sie möglichst mehrmals pro Woche, bevor es ernst wird. Selbst kurze Trennungssituationen können schon etwas bringen. Nutzen Sie die freie Zeit doch für sich oder bereiten Sie sich auf den Arbeitsbeginn vor: Kaufen Sie sich neue Kleidung, gehen Sie zum Friseur oder mit Freunden zum Essen.

Sozialkompetenzen für Ihr Kind

Wird Ihr Kind gemeinsam mit anderen Kindern betreut, besuchen Sie auch schon im Vorfeld Orte, wo es auf andere Kinder trifft, wie zum Beispiel Spielplätze, die Kinderbetreuung im Fitnessstudio oder Krabbel- und Spielgruppen. Das ist eine schöne Übung für Ihren Sohn oder Ihre Tochter, mit anderen Kindern zusammen zu sein.

Sobald Sie arbeiten, zeigt Ihr Kind vermutlich Trennungsangst, egal wie gut die Vorbereitung war. Das ist vollkommen normal. Und mal ehrlich: Welches Kind möchte denn nicht lieber mit Mama oder Papa zu Hause bleiben? Die folgenden Vorschläge können Ihrem Kind dabei helfen, mit seinen Gefühlen zurechtzukommen und eine neue „Normalität" rund um Ihre Berufstätigkeit zu finden.

Vermeiden Sie den Schneeballeffekt

Kinder haben unglaublich feine Antennen und wenn Sie besorgt oder traurig sind oder sich Vorwürfe machen, weil Sie wieder arbeiten gehen, wird vermutlich auch Ihr Sohn oder Ihre Tochter diese Gefühle aufnehmen und spiegeln. Haben Sie sich für eine gute Betreuungsmöglichkeit für Ihren Schatz entschieden, akzeptieren Sie diesen neuen Lebensabschnitt und machen Sie das Beste daraus. Kinder passen sich an jegliche Familien- und Arbeitskonstellation an.

....

Mama von Sam, 19 Monate

Es fiel mir so schwer …

>> *Ich hätte nicht geglaubt, dass es mir so schwerfällt, mein Kind bei jemand anderes zu lassen. Es war für mich richtig hart, als er weinte, und ich hatte ein schlechtes Gewissen, nicht bei ihm bleiben zu können. Als er spielte und mich kaum wahrnahm, versetzte mir das einen Stich. Vermutlich hätte Sam die Situation besser akzeptiert, wenn ich sie besser akzeptiert hätte. Es kommt mir so vor, als würde er sich damit arrangieren, seitdem ich mich damit arrangiere.* <<

....

Führen Sie feste Rituale ein

Ein fester Rahmen gibt Kindern Sicherheit. Je besser sie wissen, wie ihr Tag ablaufen wird, umso entspannter können sie sein. Führen Sie feste Rituale bei den wichtigsten Tagespunkten Ihres Kindes ein:

Aufstehen. Wie man in den Tag startet, bestimmt oft die Grundstimmung für den Rest des Tages. Immer zur selben Zeit aufstehen und dieselben Rituale fürs Anziehen, Frühstücken und eine morgendliche Spieleinheit, all das kann Ihrem Kind ein sicheres Gefühl von „heute ist alles wie immer" geben.

Die Stunde, bevor Sie zur Arbeit gehen. Der Ablauf am Morgen ist wichtig für Ihr Kind, egal ob Sie morgens, später oder jeden Tag zu einer anderen Zeit zur Arbeit gehen. Passiert jedes Mal, bevor Sie gehen, in etwa das Gleiche, wird Ihr Kind nur allein dadurch darauf vorbereitet, dass nun der Wechsel von Zuhause zur Betreuung bevorsteht.

Die erste halbe Stunde bei der Betreuung. Was passiert, nachdem Sie sich verabschiedet haben? Spielt Ihr Kind? Isst es eine Kleinigkeit? Sieht es sich ein Buch an? Auch hier ist es viel besser, wenn Ihr Kind jeden Tag bei der Ankunft dasselbe macht, anstatt dass es herumsteht und Ihnen beim Gehen nachschaut. Ihr Kind sollte etwas tun, was es der Betreuungsperson näherbringt und den Grundstein für einen schönen Tag legt.

Wiedersehen. Führen Sie ein kurzes, aber immer gleiches Wiedersehensritual ein, zum Beispiel einen besonderen Handschlag, eine Umarmung, Knuddeln oder etwas anderes. Das nimmt den Druck und die Aufregung aus dem Wiedersehen und es signalisiert zuverlässig den Wechsel zwischen der Zeit in der Betreuung und der Zeit mit Ihnen.

Verbindende Elemente schaffen

Bitten Sie die Betreuungsperson, dass Ihr Kind im Laufe des Tages etwas für Sie vorbereiten soll: ein Bild, einen selbstgepflückten Blumenstrauß, ein paar Plätzchen. Auch das gemeinsame Durchstöbern einer Kiste, in der Ihr Kind alles, was es tagsüber gemacht hat, aufbewahren kann, kann zu einem schönen Bestandteil des Wiedersehensrituals werden. Wenn Ihr Kind im Laufe des Tages damit beschäftigt ist, Sie mit etwas zu überraschen, oder die Kiste befüllen möchte, hilft ihm das vielleicht und es freut sich schon, Ihnen alles zu zeigen, wenn Sie kommen.

Geben Sie Ihrem Kind etwas zu tun

Achten Sie darauf, dass Ihr Kind genügend Spielsachen und Beschäftigung hat, während Sie nicht da sind. Ein Kind, das sich langweilt, vermisst seine Eltern sicherlich eher

als ein beschäftigtes Kind. Wird Ihr Kind bei Ihnen zu Hause betreut, packen Sie eine extra Spielzeugkiste, deren Inhalt Sie von Zeit zu Zeit austauschen, damit es immer etwas Neues zu entdecken hat.

Nehmen Sie Ihr Kind auch mal zur Arbeit mit

Für Ihr Kind ist es seltsam, wenn Sie lange weg sind und es nicht weiß, wo Sie genau sind. Ein kurzer Besuch an Ihrem Arbeitsplatz lässt Ihr Kind verstehen, wo Sie den Tag verbringen. Oder Sie machen Fotos von Ihrer Arbeitsstelle und legen ein Album für Ihr Kind an, das es sich zu Hause anschauen kann. Sie können sich auch von jemand bei der Arbeit fotografieren lassen und das Bild zu Hause aufhängen. So kann Ihr Kind Sie beim Telefonieren zumindest auf dem Foto anschauen.

Fotos von Ihnen

Hängen und stellen Sie zu Hause Fotos von sich auf, damit Ihr Kind Sie auch dann sehen kann, wenn Sie nicht da sind. Geht Ihr Kind in die Kita, fragen Sie, ob Sie ein Foto in seinem Fach oder an der Garderobe lassen dürfen. Sie können auch Fotos der Erzieher oder der Tagesmutter zu Hause aufhängen, um zu zeigen, dass auch diese Menschen für Ihre Familie sehr wichtig sind.

Genießen Sie die gemeinsame Zeit

Setzen Sie Prioritäten und verbringen Sie die Zeit zu Hause nicht mit irgendwelchen Aufgaben ohne Ihr Kind. Ihr Kind kann Sie leichter gehen lassen, wenn es in der gemeinsamen Zeit mit Ihnen auftanken konnte. Natürlich muss zu Hause auch das ein oder andere erledigt werden. Vielleicht können Sie Ihr Kleines in einige Aufgaben mit einbeziehen. Oder können Sie diese Tätigkeiten vielleicht zeitsparender erledigen? Womöglich können Sie einige unwichtige Sachen auch ganz weglassen.

Gönnen Sie sich jeden Tag etwas entspannte Zeit mit Ihrem Kind, in der Sie spielen, spazieren gehen, vorlesen oder nur zusammen sind. Solche ruhigen Momente bringen einen inneren Frieden, der auch in stressigen Zeiten hilfreich sein kann.

Reden Sie mit der Tagesmutter oder Erzieherin über Ihre Sorgen

Sprechen Sie über Probleme und suchen Sie gemeinsam nach Lösungsmöglichkeiten. Ausgebildete Betreuungspersonen kennen sich auch mit Trennungsangst aus und werden individuell auf Ihr Kind eingehen. Wenn Sie über Ihre Bedenken und Lösungswege reden, finden Sie die für Ihr Kind passende Herangehensweise.

Kita und Kindergarten: sanfte Verabschiedungsrituale

··

Mama von Rita, 3 Jahre

Die Verabschiedung ist so hart!

》 *Monatelang habe ich nach der passenden Kita für meine Tochter gesucht. Ich habe eine ganz tolle gefunden, mit netten, lieben Erziehern, jeder Menge Spielzeug, tollen Kindern und einem fantastischen Außengelände. Meine Tochter geht dort seit einer Woche hin und weint beim Hinbringen immer noch. Es zerreißt mir das Herz! Was kann ich nur tun?* 《

··

DIe ersten Tage bei einer Tagesmutter oder im Kindergarten sind Meilensteine im Leben eines Kindes. Niemand weiß vorher, welches Kind sich schnell und problemlos eingewöhnt und welches lediglich einen kurzen Blick auf das neue Umfeld wirft und seinen Eltern dann nicht mehr von der Seite weicht. Wenn Sie so ein Klammeräffchen haben, habe ich hier ein paar Vorschläge, wie Sie ihm beim Loslassen helfen können, damit es sich auf das neue Abenteuer einlässt.

In kleinen Schritten zum Erfolg

Manchen Kindern fällt es besonders schwer, wenn sie direkt vom familiären Umfeld in ein ganz neues oder auch zu einer längeren Betreuungszeit übergehen sollen. In diesem Fall könnten Sie Ihren Sohn oder Ihre Tochter langsam „umgewöhnen". Wenn es also nicht direkt klappt, versuchen Sie, ob Sie sich in kleineren Schritten zur gesamten Betreuungszeit vorarbeiten können. Einige Tage lang nur ein oder zwei Stunden, danach ein wenig länger, bis dann die gesamte Dauer erreicht ist.

In Deutschland wird in vielen Betreuungseinrichtungen nach dem sogenannten „Berliner Modell" eingewöhnt, bei dem auf die Bindung des Kindes an seine Hauptbezugsperson geachtet wird. Sanft und im Tempo des Kindes soll es an die neue Situation, die neue Umgebung und die neue Betreuungsperson gewöhnt werden. Eine stabile Beziehung zu einer fremden Person kann aber nur langsam aufgebaut werden. Meist dauert die Eingewöhnung einige Wochen, wobei die Mutter sich schrittweise zurückzieht und für immer längere Zeit weg bleibt. Nehmen Sie sich Zeit, damit Ihr Schatz langsam in seiner neuen Umgebung ankommen kann.

Planen Sie Zeit für die „Wiedereingewöhnung" ein

Viele Kinder haben am Wochenanfang Schwierigkeiten, gewöhnen sich nach wenigen Tagen aber dann doch an die Fremdbetreuung. Rückschritte gibt es häufig nach einigen freien Tagen, besonders nach verlängerten Wochenenden oder Ferien. Wenn Ihr Kind drei oder vier Tage mit Ihnen zu Hause war, fällt ihm die Umstellung auf Kita oder Schule erst einmal wieder schwer. Am besten bleiben Sie daher beim üblichen Tagesablauf, bringen Ihren Schatz zur gewohnten Zeit ins Bett, wecken ihn wie sonst auch und führen ein ruhiges Morgenprogramm durch. Sie wollen ja nicht wieder komplett von vorn beginnen. Planen Sie etwas ruhige Zeit ein, wenn Ihr Kind nach der Betreuung nach Hause kommt, damit es sich von seinem Tag erholen kann. Ein Spaziergang, eine Runde mit dem Fahrrad oder ein Ausflug in den Park können wahre Wunder wirken, damit Ihr Kind gut in der neuen Woche ankommt.

Freundschaften und Besucherkinder machen den Kita-Alltag schöner

Fragen Sie den Betreuer, ob Ihr Sohn oder Ihre Tochter sich mit anderen Kindern angefreundet hat. Laden Sie diese Kinder ein paar Mal zum Spielen zu sich nach Hause ein. Die Besuche sollten nur kurz sein, denn ein längeres Treffen kann insbesondere für kleine Kinder anstrengend sein. Bereiten Sie ein Spiel oder etwas zum Basteln vor und vielleicht auch einen kleinen Snack, denn manchen Kindern fällt es schwer, sich längere Zeit selbst zu beschäftigen.

Wenn einige solche Verabredungen zum Spielen bei Ihnen zu Hause geklappt haben, kann Ihr Kind ein anderes Kind besuchen. Am Anfang müssen Sie vielleicht bei Ihrem

Sohn oder Ihrer Tochter bleiben und können sich mit den anderen Eltern unterhalten. Funktioniert das, können Sie beim nächsten Mal kurz gehen, aber in der Nähe bleiben. Versichern Sie den anderen Eltern, dass sie jederzeit anrufen können, wenn Ihr Kind früher abgeholt werden möchte. Wenn das passiert, sagen Sie Ihrem Kind, dass es vollkommen in Ordnung ist, früher als verabredet zu gehen. Loben Sie es für etwas, zum Beispiel dass es sich beim Abschied bedankt hat. Lassen Sie Ihrem Schatz etwas Zeit, laden Sie erst noch einmal Kinder zu sich nach Hause ein und starten Sie dann einen weiteren Spielbesuch bei anderen.

Wechseln Sie sich mit anderen Eltern ab

Warum gründen Sie nicht eine Fahrgemeinschaft für Ihre Kinder? Es kann die ganze Situation entschärfen, wenn Ihr Kind gemeinsam mit einem Freund zum Kindergarten geht. Möchte Ihr Kind nicht bei anderen Eltern mitfahren, drängen Sie es nicht – wenn es für Sie machbar ist, können Sie die Kinder auch immer selbst hinbringen und Ihrem Schatz dadurch einen Freund an seine Seite stellen. Wenn diese Fahrgemeinschaft einige Woche gut geklappt hat, schlagen Sie vor, dass nun die anderen Eltern an der Reihe sind, und schauen Sie, wie es Ihrem Kind dabei geht.

Besuchen Sie Kita und Erzieher

Falls möglich, könnten Sie mit Ihrem Kind die Kita bzw. den Kindergarten und die Erzieher schon im Vorfeld kennenlernen. Gehen Sie gemeinsam in das Gebäude, in den Gruppenraum und spielen Sie mit Ihrem Sohn oder Ihrer Tochter auf dem Außenge-

lände. Das ist oftmals kein Problem, viele Einrichtungen ermöglichen solche Hospitationen oder bieten einen Tag der offenen Tür an. Vielleicht können Sie auch mehrerer solcher Vorabbesuche einrichten. Ihr Kind lernt so das neue Umfeld schon einmal kennen, bevor es ernst wird.

Dann fällt es Ihrem Kind auch leichter, sich selbst in seiner Gruppe vorzustellen. Diese Besuche geben einem ominösen, unbekannten Ort ein Gesicht und an dem zuweilen beängstigenden ersten Tag fühlt sich Ihr Kleines nicht mehr ganz so fremd.

Schenken Sie Ihrem Kind einen Kuss für den Tag

In ihrem wunderschönen amerikanischen Bilderbuch „The Kissing Hand" erzählt Audrey Penn von einem kleinen Waschbären, dem vor seinem ersten Schultag bange ist. Seine schlaue Mutter küsst seine Hand und sagt ihm, er solle immer, wenn er Angst hat, seine Hand auf die Wange legen und daran denken, dass seine Mama ihn lieb hat. Sie erklärt, dass ihr Kuss auf sein Gesicht überspringt und ihm wohlig warme Gedanken schenkt.

Das ist eine hervorragende Idee, denn jedes Kind kann jederzeit ganz unauffällig die Hand auf die Wange legen und Vertrauen tanken. Sie nehmen dadurch die Sorgen Ihres Kindes ernst und zeigen, dass Sie es verstehen und ihm helfen möchten.

Im Buch küsst dann auch der kleine Waschbär die Hand seiner Mutter, damit auch Sie diese kleine Erinnerung an ihn den ganzen Tag bei sich hat. Viele Kinder machen sich nämlich auch Gedanken, wie es ihren Eltern den Tag über ohne sie geht.

Seien Sie der Fels in der Brandung:

Man kommt schnell ins Schwitzen, wenn alle anderen Kinder beim Abschied fröhlich winken – nur das eigene Kind klammert sich fest, als ginge es um Leben und Tod. Viele Eltern belastet das extrem und macht Ihnen große Sorgen, die sich auch auf das Kind übertragen können und die Trennungsangst noch um ein Vielfaches verschlimmern. Gerade dann braucht Ihr Kind Ihre Ruhe, Zuversicht und Halt. Setzen Sie also bei der Verabschiedung Scheuklappen auf und achten Sie gar nicht auf die anderen Kinder und Eltern, denn hier geht es nur um Ihr Kind!

Denken Sie an die Vorteile der Betreuung und daran, wie Ihr Sohn oder Ihre Tochter davon profitieren kann. Wiederholen Sie in Gedanken immer wieder ein bestärkendes Mantra: „Es geht ihm gut. Es ist eine tolle Kita. Wir schaffen das!" Am meisten helfen Sie Ihrem Kind, wenn Sie selbst Gelassenheit und Zuversicht ausstrahlen. Weitere Tipps zum Thema Trennungsangst bei den Eltern finden Sie im Kapitel „Wenn Eltern Trennungsangst haben" (Seite 108).

Haben Sie sich für die richtige Betreuung entschieden?

Ab und zu kommt es zu Trennungsangst, weil Kind und Betreuungsperson einfach nicht zueinander passen. An Ihnen nagen vielleicht Zweifel, die sich nicht einfach damit erklären lassen, dass Sie Ihr Kind vermissen, sondern die einfach da sind, weil sich irgendetwas nicht richtig anfühlt. Vielleicht passt die Betreuungseinrichtung einfach nicht zu Ihrem Kind oder Erzieher und Kind harmonieren nicht miteinander. In seinem Buch „Die Hürden der ersten Lebensjahre" schrieb Dr. T. Berry Brazelton zum Thema Trennungsangst in Kinderbetreuungseinrichtungen:

„Überprüfen Sie ruhig einmal, wie die Betreuer sich um Ihr Kind kümmern. Schauen Sie einfach unangemeldet vorbei. Fühlt sich Ihr Kind wohl oder eher nicht? Wird auf seinen eigenen Rhythmus und seine Bedürfnisse geachtet, in Hinblick auf Schlafen, Spielen, Essen und so weiter? Gehen die Betreuer auf Ihr Kind ein, wenn es sie ansieht, zum Beispiel mit einem freundlichen Nicken? Wenn das alles zutrifft, lindert es sicherlich auch Ihre eigene Trennungsangst. Trifft es nicht zu, sollten Sie über einen Wechsel nachdenken."

Schulanfang

···

Mama von Linus, 6 Jahre

Er will einfach nicht zur Schule

>> *Mein Sohn war gerne Vorschulkind, aber vor der Schule, die in ein paar Wochen beginnt, hat er Angst. Er sagt mir immer wieder, dass er nicht ohne mich in die „große Schule" gehen will. Und ich antworte ihm wieder und wieder, dass er sich keine Sorgen machen muss, aber er sagt, er will zu Hause bleiben.* ◀

···

Auch wenn Ihr Kind schon jahrelang bei einer Tagesmutter, im Kindergarten oder in der Kita war, ist Schule doch oft eine ganz andere Hausnummer. Umgebung, Erwartungen und das Verhältnis zwischen Ihrem Kind und dem Lehrer und zu den neuen Klassenkameraden unterscheiden sich vollkommen von allem, was Ihr Kind bisher kennt. Und für viele Kinder hat die Schule einfach etwas Geheimnisvolles; sie befürchten vielleicht, dass sie Hausaufgaben machen müssen, die sie gar nicht können. Außerdem macht Ihr Kind in diesem Alter einen enormen Entwicklungssprung und nimmt seine Umwelt viel genauer wahr, was eben auch zu neuen Sorgen und Ängsten führen kann, die es noch nicht kannte, als es noch „klein" war.

Der erste Schritt, diese Angst zu besiegen, ist, dass Sie die Gefühle Ihres Kindes wirklich ernst und annehmen. Es hilft ihm schon, wenn Sie verstehen, dass Schule für Ihr Kind nicht einfach nur bedeutet, sich einen Ranzen aufzusetzen und glücklich loszulaufen. Wahrscheinlich trifft das genaue Gegenteil zu: Allein der Anblick seines Ranzens kann schon Zweifel, Sorgen und Ängste in Ihrem Kind auslösen.

Im Kampf gegen seine Ängste sind Sie der beste Verbündete Ihres Kindes. Sie können es dabei unterstützen, sich fröhlich zu seinen Klassenkameraden zu gesellen – auch wenn etwas Zeit, Geduld und beständige, gut durchdachte Vorbereitung nötig sind.

Handelt es sich wirklich um Trennungsangst?

Ein Kind kann aus verschiedenen Gründen der Schule reserviert gegenüberstehen – Trennungsangst ist nur einer davon. Andere mögliche Ursachen können sein: gestörtes Verhältnis zum Lehrer, Sorgen wegen des Lernstoffs, Unsicherheit bezüglich der Klassenregeln oder Schwierigkeiten mit Mitschülern. Hören Sie sich also zunächst genau an, warum Ihr Kind nicht zur Schule gehen möchte. Wenn Sie den Grund kennen, findet sich leichter eine passende Lösung.

Freundschaften zu Mitschülern fördern

Lesen Sie dieses Buch vorsorglich, bevor die Schule losgeht? Dann hören Sie sich doch schon mal um, wer mit Ihrem Kind gemeinsam in eine Klasse kommt. (Vielleicht hilft man Ihnen in der Schule weiter oder Sie fragen im Kindergarten und in Ihrer Nachbarschaft.) Arrangieren Sie vor Schulbeginn ein paar Spieltreffen. Stößt Ihr Kind am ersten Schultag auf bekannte Gesichter, ist schon viel gewonnen. Außerdem kann man mit Freunden auch wunderbar seine Bedenken und die Aufregung teilen und merken, dass es anderen ähnlich geht.

Ist Ihr Kind bereits in der Schule, fragen Sie ruhig den Lehrer, ob Ihr Sohn oder Ihre Tochter sich mit anderen Kindern angefreundet hat. Laden Sie diese zunächst ein paar Mal zum Spielen zu sich nach Hause ein. Später kann Ihr Kind dann auch diese Freunde besuchen. Ein oder zwei gute Freunde in der Klasse geben Sicherheit für den ganzen Tag.

Fahrgemeinschaften bilden oder gemeinsam zu Fuß zur Schule

Wenn es möglich ist, planen Sie den täglichen Gang oder die Fahrt zur Schule gemeinsam mit einem Mitschüler. Möchte Ihr Kind nicht bei anderen Eltern mitfahren, drängen Sie es nicht dazu – dann fahren Sie eben die erste Zeit und versuchen in ein paar Monaten noch mal, ob Ihr Sohn oder Ihre Tochter jetzt bei anderen Eltern mitfahren möchte.

Gemeinsam mit anderen Kindern zur Schule zu gehen, kann die Stimmung am Morgen deutlich verbessern, also unterstützen Sie Freundschaften. Aber mischen Sie sich nicht in die Gespräche der Kinder ein – es reicht, wenn Sie ihnen dabei helfen, ins Gespräch zu kommen.

Treffpunkt Schule

Wenn weder Fahr- noch Laufgemeinschaft zustande kommen, organisieren Sie zumindest einen Treffpunkt an der Schule, wo Ihr Kind seine Freunde trifft, zum Beispiel am Schultor oder auf dem Schulhof, sodass sie wenigstens noch einen kurzen Weg gemeinsam gehen können, der den Übergang markiert von „Mama und ich" oder „Papa und ich" zu „mein Freund und ich". Gehen Sie, wenn möglich, einige Schritte hinter den Kindern, damit sie sich unterhalten können. Vermeiden Sie Ermahnungen wie „Nicht rennen", „Mach deine Jacke zu" oder „Vergiss nicht, den Zettel abzugeben". Das ist peinlich und Sie wollen sich doch im Hintergrund halten!

Braucht Ihr Kind zunächst noch Ihre Hand, ist das natürlich in Ordnung. Halten Sie sich dennoch dezent zurück und stellen Sie höchstens eine Frage, um die Kinder miteinander ins Gespräch zu bringen. Lassen Sie die Hand Ihres Schatzes langsam los und unterbrechen Sie die Kinder nicht, wenn Sie gehen. Verabschieden Sie sich kurz und bündig: Eine kurze Umarmung und ein „Bis nachher. Hab einen schönen Tag!" genügen.

Das magische Armband. Im gleichnamigen Kapitel (Seite 58) finden Sie alle Tipps zum magischen Armband. Auch bei Trennungsangst eines Schulkindes kann solch ein Armband eine große Hilfe sein. Führen Sie ein Verabschiedungsritual ein, und sei es auch noch so simpel, etwa einen bestimmten Satz und das Streicheln und Umarmen des Armbandes nebst dazugehörigem Arm.

Gibt es in der Klasse Ihres Sohnes oder Ihrer Tochter andere Kinder, die an Trennungsangst leiden, erzählen Sie deren Eltern vom magischen Armband. Vielleicht möchten Sie sogar dem Lehrer davon berichten, damit er es gegebenenfalls anderen Eltern vorschlagen kann. Tragen auch andere Mitschüler so ein Armband, schafft das eine Art Zusammengehörigkeitsgefühl und zeigt den betroffenen Kindern, dass sie mit ihren Gefühlen nicht alleine sind.

Krank zu Hause? Kinder, die wegen ihrer Trennungsangst nicht zur Schule gehen wollen, werden hin und wieder sagen, sie hätten Kopf- oder Bauchschmerzen. Die Eltern sind dann in einer Zwickmühle: Unterstellen Sie Ihrem Kind, zu simulieren, oder erlauben Sie ihm, zu Hause zu bleiben? Wenn Sie sich unsicher sind und Ihr Kind zu Hause bleiben darf, verbringen Sie den ganzen Tag so, als wäre Ihr Schatz wirklich krank. Das bedeutet nur wenig Fernsehen und Spielzeit, dafür viel Zeit im Bett, vielleicht mit Musik, einem Buch und ganz viel Ruhe. Einem Kind, das wirklich krank ist, tut so ein Tag Auszeit gut, ein gesundes Kind, das nur nicht zur Schule wollte, wird sich langweilen und sich vielleicht ganz schnell wieder auf die Schule und seine Klassenkameraden freuen.

Ein Geschwisterchen kommt

Mama von Paul, 3 Jahre

Seit dem Baby klammert er

>> *Seitdem wir mit dem neuen Baby zu Hause sind, leidet unser Dreijähriger an schlimmer Trennungsangst. Sie hängt offensichtlich mit der Geburt des Geschwisterchens zusammen. Ist das denn normal? Was können wir tun?* <<

Alle größeren Veränderungen können Ihr Kind dazu bringen, emotional und körperlich an Sie heranzurücken, und wenn die Familie wächst ist das eine wirklich gravierende Veränderung! Es ändert sich nicht nur die Familienstruktur, sondern auch der Tagesablauf, die Zeit, die Sie zum Spielen zur Verfügung haben, und die gesamte Atmosphäre zu Hause. Es ist völlig natürlich, dass sich Ihr älteres Kind auf der Suche nach Halt und Bestätigung an Sie klammert. Vermutlich fragt es sich, ob dieser Neuankömmling ihm seinen Platz innerhalb der Familie streitig macht und wie sich wohl das Verhältnis zu Ihnen ändern wird. Bis all diese Fragen geklärt sind und jeder seinen Platz innerhalb der Familie gefunden hat, wäre es schön, wenn Sie einfühlsam auf die Trennungsangst Ihres älteren Kindes eingingen.

Linda, Mama von Tristan, 4 Jahre

Verfolgt, auf Schritt und Tritt

>> *Seit die Zwillinge da sind, weicht Tristan nicht mehr von meiner Seite. Ich finde es schrecklich, dass er mir scheinbar nicht glaubt, dass ich ihn niemals verlassen werde. Besonders jetzt, wo alles so chaotisch ist, nervt es mich, dass er ständig um mich herum ist und noch nicht einmal allein in ein anderes Zimmer geht. Ich kann nicht alleine zur Toilette gehen oder die Zwillinge schlafen legen, ohne dass er nach mir sucht, obwohl ich ihm immer sage, wohin ich gehe und dass ich gleich wieder zurück bin.* <<

Geduld, Geduld und nochmals Geduld

Wenn Ihr Kind vor der Geburt des Geschwisterchens keine Trennungsangst hatte, handelt es sich jetzt vermutlich nur um eine kurze Phase. Litt Ihr Kind früher bereits unter Trennungsangst, war aber eigentlich aus dieser Phase schon herausgewachsen, ist dieser Rückschritt sicherlich auch nur von kurzer Dauer. Aber anstrengend ist es allemal! Machen Sie sich bewusst, dass dies ja ein bedeutender Einschnitt im Leben Ihrer Familie ist und dass es einfach Zeit braucht, bis sich alles neu eingespielt hat.

Ihr großes Kind wird nicht schneller groß

Wird ein Geschwisterchen geboren, wirkt das ältere Kind plötzlich schon so groß. Zuweilen verhalten sich die Eltern unbewusst dem größeren Kind gegenüber nun anders – und verlangen mehr von ihm als noch ein paar Tage zuvor. Ja, wir nennen es nun sogar „großer Bruder" oder „große Schwester", auch wenn es selbst noch ein Kleinkind ist. Unser Blickwinkel ändert sich und unser Erstgeborenes ist plötzlich „groß", aber es kämpft mit ganz neuen Gefühlen, fühlt sich vielleicht sogar „klein" – mitunter fällt es in frühere Verhaltensweisen zurück und braucht von Ihnen mehr Zeit und Aufmerksamkeit. Geben Sie ihm die Chance, langsam und in seinem eigenen Tempo in die neue Rolle hineinzuwachsen. Vielleicht kennen Sie ja das Sprichwort „Das Gras wächst nicht schneller, wenn man daran zieht".

Altbewährte Ideen und Geduld

Hatte Ihr Kind früher schon mit Trennungsangst zu kämpfen, tun Sie das, was ihm damals geholfen hat. Atmen Sie tief durch. Nichts bleibt ewig gleich. Für Ihre Familie hat sich nun so viel verändert. Mit der Zeit hat jeder seinen neuen Platz und Sie finden gemeinsam zu einer neuen „Normalität".

Tägliche Zeit nur für dieses Kind

Das Baby beansprucht einen Großteil Ihrer Zeit und Aufmerksamkeit und vielleicht ist die plötzliche Trennungsangst Ihres älteren Kindes nur ein Hilferuf, um nicht vergessen zu werden. Schon fünfzehn Minuten Ihrer ungeteilten Aufmerksamkeit ein- oder zweimal pro Tag können reichen, damit es sich weiterhin so geliebt fühlt, dass es Sie mit dem Baby teilen kann. Sie können dieser gemeinsamen Zeit auch einen besonderen Namen geben, zum Beispiel „Mama-Zeit", und eine Eieruhr oder einen Timer auf fünfzehn Minuten stellen. Bis zum Klingeln darf Ihr Kind mit Ihnen machen, was es möchte. Wenn es das Prinzip erst einmal verstanden hat, wird es sich auf die gemeinsame Zeit freuen und sie in vollen Zügen genießen.

Schlafenszeit: Alleine schlafen

....

Mama von Linda, 4 Jahre

Immer nur am Abend ...

>> *Abends schlägt die Trennungsangst bei meiner Tochter zu. Wenn wir sie alleine lassen, weint sie so sehr, dass wir sie dann doch immer zu uns ins Bett holen. Ist das denn wirklich Trennungsangst? Wie können wir ihr dabei helfen, gerne alleine zu schlafen?* <

....

Möglicherweise ist Trennungsangst der Auslöser für dieses Verhalten – sehr wahrscheinlich aber nicht.

Folgende Verhaltensweisen sind kein Zeichen von Trennungsangst:

- Ihr Kind schläft seit seiner Geburt oder zumindest seit längerer Zeit bei Ihnen im Bett.
- Wenn Ihr Kind weint, darf es immer zu Ihnen ins Bett kommen oder Sie schlafen bei ihm.
- Zum Einschlafen braucht es Ihre Anwesenheit, Sie müssen es zum Beispiel streicheln oder wiegen.
- Es schläft in Ihren Armen oder in Ihrer Nähe ein.
- Es schläft immer nur ein, wenn Sie bei ihm sind, nie oder nur äußerst selten allein.
- Tagsüber zeigt es keine Trennungsangst.
- Ihr Kind ist jünger als ein Jahr.

Dies alles sind Hinweise darauf, dass Ihr Kind einfach nur lieber bei Ihnen schläft als allein. Sie gehören für Ihr Kleines einfach zu einer angenehmen Nacht dazu. Möchten Sie das ändern, sollten Sie eine neue Zubettgehroutine einführen. Auf meiner Webseite www.nocrysolution.com und in meinen Büchern „Schlafen statt schreien" und „Ab ins Bett" finden Sie viele Anregungen dazu. Vielleicht stoßen Sie bei den zahlreichen Tipps zum Umgang mit der Trennungsangst aber auch auf hilfreiche Ideen.

Die Schlafschwierigkeiten Ihres Kindes rühren vermutlich von Trennungsangst her, wenn Folgendes zutrifft:

- Ihr Kind hat nie regelmäßig bei Ihnen geschlafen.
- Bislang ist Ihr Kind problemlos eingeschlafen.
- Während des Zubettgehrituals wird Ihr Kind unruhig.
- Es möchte nicht allein in einem dunklen Zimmer sein.
- Vor der Schlafenszeit möchte Ihr Kind, dass Sie die ganze Zeit bei ihm sind.
- Wenn es erst einmal schläft, schläft es für gewöhnlich durch.
- Sobald Ihr Kind wach wird, ruft es nach Ihnen oder kommt direkt zu Ihnen.
- Auch tagsüber gibt es Anzeichen für Trennungsangst.
- Ihr Kind ist älter als ein Jahr.

All diese Punkte sind ein Indikator dafür, dass Ihr Kind keine Schlafschwierigkeiten im eigentlichen Sinne hat, sondern dass es sich bei ihm um nächtliche Trennungsangst handelt. Die Angst vor dem Alleinsein führt bei zahlreichen Kindern zu dieser Form der Trennungsangst. Wenn Sie den Auslöser kennen, können Sie besser nach der passenden Lösung suchen. Ganz egal, warum Ihr Sohn oder Ihre Tochter nicht alleine schlafen möchte, die Lösungsmöglichkeiten sind oft dieselben.

Warum beeinflusst Trennungsangst das Schlafverhalten?

Wenn Sie es genauer betrachten, findet die längste Trennung zwischen Ihnen und Ihrem Kind meistens nachts statt und dauert in der Regel acht bis zwölf Stunden. Selbst wenn Sie auch tagsüber länger von Ihrem Kind getrennt sind, sind dann doch andere Erwachsene und Kinder bei ihm. Ihr Kind spürt, dass es ganz lange von Ihnen getrennt ist, wenn es schläft – eine lange Zeit, in der es ganz alleine ist.

Es ist auch ganz normal, dass ein Kind zwischen den einzelnen Schlafphasen kurz wach wird. Wenn es dann merkt, dass es ganz alleine ist, kann es Angst bekommen. Das passiert jede Nacht und so kann es passieren, dass Ihr Kind schon gar nicht mehr ins Bett gehen will, weil es genau weiß, dass es dann lange allein sein und Ängste erleben wird.

Lassen Sie Ihr Kind sich nicht „in den Schlaf weinen"

Leidet Ihr Kind unter nächtlicher Trennungsangst, hat es natürlich das tiefe Bedürfnis, bei Ihnen zu sein, denn Sie stehen für Sicherheit und Geborgenheit. Es ist keine Lösung, Ihren Sohn oder Ihre Tochter dann alleine ins Bett zu stecken, wo er oder sie selbst mit der Situation zurechtkommen muss, besonders dann nicht, wenn es Tränen gibt. Wenn Sie die nächtliche Trennungsangst Ihres Kindes ernst nehmen, zeigen Sie Ihrem Liebling damit, dass er Ihnen vertrauen kann, dass Sie für ihn da sind und Sie diese Situation gemeinsam meistern werden.

Man kann ein Kind überhaupt nicht durch die Liebe und die Zuwendung, die es beim Einschlafen und Aufwachen braucht, verwöhnen. Je mehr Sie jetzt auf seine Bedürfnisse eingehen, umso früher wird es seine Ängste und Unsicherheiten überwunden haben.

Ein Kind lernt zu vertrauen, wenn seine Grundbedürfnisse befriedigt werden. Wenn ein Baby weiß, dass seine Betreuungsperson auch während des Schlafens immer für es da ist, wird es eine positive Einstellung der Welt gegenüber entwickeln.

Bringen Sie Ihr Kind möglichst selbst ins Bett

Im Augenblick ist es in Ordnung – und sogar besser, wenn Sie abends nicht weggehen, sondern bei Ihrem Kind bleiben. Diese Phase wird schneller vorbei sein, als Sie glauben, und wenn Sie jetzt sensibel auf die Bedürfnisse Ihres Kleinen eingehen, wird es voller Selbstvertrauen die nächsten Entwicklungsschritte angehen.

Führen Sie ein festes Zubettgehritual ein

Ein vorhersehbares Ritual gibt Ihrem Kind Sicherheit und hilft ihm, abends zur Ruhe zu kommen. Es weiß genau, was passieren wird. Sie können die einzelnen Punkte des Rituals auch auf ein Plakat schreiben. Verschönern Sie dieses Poster mit Zeichnungen, Zeitungsausschnitten oder Fotos Ihres Kindes, die jeden Schritt bis zum Einschlafen illustrieren. Nehmen Sie sich für das Ritual genügend Zeit, singen Sie oder stellen Sie Musik an, kuscheln und unterhalten Sie sich mit Ihrem Kind oder lesen Sie ihm etwas vor.

Kurze Trennungen vor dem Schlafengehen

Bauen Sie abends einige kurze Trennungen ein. Während des Zubettgehrituals oder direkt vor dem Vorlesen könnten Sie noch einmal kurz etwas trinken oder zur Toilette gehen.

Alle wichtigen Infos für den Babysitter

Bringt jemand anders Ihr Kind zum Mittagsschlaf oder abends ins Bett, erklären Sie ihm den genauen Ablauf, den Ihr Sohn oder Ihre Tochter gewöhnt ist. Sie können auch alles aufschreiben oder das weiter oben beschriebene Poster nutzen.

Was tagsüber hilft, hilft vielleicht auch abends

Wenn Sie wissen, wie Sie der Trennungsangst tagsüber begegnen können, haben Sie damit bereits Ideen für abends und nachts. Wenden Sie die Vorschläge aus diesem Buch an und erlauben Sie Ihrem Kind tagsüber die Trennungen, die es sich zumutet. So kann es allen Trennungen gestärkter und voller Selbstvertrauen entgegensehen.

Führen Sie ein Übergangsobjekt ein

Eine besondere Decke, ein Kuscheltier oder ein weiches Spielzeug können ein toller nächtlicher Begleiter für Ihr Kind sein. Solche Übergangsobjekte schenken Ihrem Schatz beim Mittagsschlaf und nachts Sicherheit und Geborgenheit.

Oder vielleicht ein Haustier?

Kinder, die nachts nicht alleine schlafen möchten, finden vielleicht die Idee eines Haustiers im selben Zimmer toll. Wählen Sie dafür aber leise, pflegeleichte Tiere, wie beispielsweise eine Schildkröte oder Fische. Lassen Sie die Finger von nachtaktiven Tieren wie Nagern, die nachts stundenlang durch ein Hamsterrad rennen. Hunde und Katzen sollten nicht das Bett mit einem Baby teilen oder mit Kindern, die an Asthma oder Allergien leiden könnten.

Einer darf ins Bett bringen

Nehmen Sie es nicht persönlich, wenn Ihr Kind sich nur von ein und derselben Person ins Bett bringen lässt. Viele Kinder ziehen phasenweise eine Person allen anderen vor, ganz besonders dann, wenn sie müde sind. Für den anderen Elternteil ist das vielleicht schwer zu akzeptieren – ebenso für die Großeltern, den Babysitter und Freunde. Aber es ist nur eine Phase, die von selbst vorbeigeht.

Soll eine zweite Person in das Abendritual einbezogen werden, tun Sie dies schrittweise. Zunächst schaut sie Ihnen nur zu. Danach nimmt sie gleichberechtigt teil. Dann übernimmt diese Person das Zubettgehritual und Sie schauen zu. Als letztes bringt die andere Person Ihr Kind ganz alleine ins Bett. Dann sollten Sie sich aber einige Zimmer entfernt aufhalten, damit der Babysitter und Ihr Kind ihren eigenen harmonischen Weg finden können.

Ein unsichtbarer Freund

Bei einem älteren Kind mit blühender Fantasie können Sie versuchen, das Abendritual um einen Punkt zu ergänzen: Bevor Sie aus dem Zimmer gehen, lassen Sie eine „Mini-Mami" oder einen „Mini-Papi" bei Ihrem Kind. Formen Sie Ihre Hände wie eine Schale und tun Sie so, als gäben Sie Ihrem

Schatz eine Miniaturausgabe Ihrer selbst. Bitten Sie Ihr Kind, dass es auch Ihnen eine Miniaturausgabe von sich mitgibt, die Sie in Ihr Schlafzimmer mitnehmen können. Geht Ihr Kind auf diese Idee ein, können Sie die Mini-Mami auch tagsüber einsetzen.

Das Geschwisterbett

Kinder, die nicht gern alleine schlafen, sind oft ganz begeistert von der Idee eines Geschwisterbettes oder gemeinsamen Kinderzimmers. (Eine Warnung: Lassen Sie niemals ein Baby das Bett mit einem älteren Geschwisterkind teilen. Warten Sie sicherheitshalber, bis das kleinere Kind etwa 18 Monate alt ist.) Zwillinge, Mehrlinge oder Geschwisterkinder mit einem geringen Altersabstand genießen es oft, mit ihrem Geschwisterchen gemeinsam zu schlafen. Bleiben Sie so lange im Zimmer, bis Ihre Kinder zur Ruhe gekommen sind, lesen Sie ihnen etwas vor oder erzählen Sie eine Geschichte, damit das Zubettgehen nicht in einer wilden Kissenschlacht endet. Viele Kinder schlafen sehr gern mit ihren Geschwistern im Zimmer und man kann zwei Fliegen mit einer Klappe schlagen: etwas gegen die nächtliche Trennungsangst tun und die Verbundenheit zwischen den Kindern stärken.

Musik und andere Hintergrundgeräusche

Dunkelheit und Stille sind für manche Kinder beängstigend. Stellen Sie leise Musik, Einschlaflieder oder so genanntes weißes Rauschen, wie das Geräusch von Regen oder dem Meer, an.

Notfallplan für nächtliches Aufwachen

Kinder, die unter nächtlicher Trennungsangst leiden, kämpfen vielleicht gegen den Schlaf an, weil sie Angst davor haben, alleine wieder aufzuwachen. Ihr Kind schläft möglicherweise beruhigter ein, wenn Sie mit ihm einen Notfallplan für nächtliches Aufwachen ausarbeiten. Dann weiß es, dass es zum Beispiel einen Schluck Wasser trinken, mit einem Stofftier kuscheln, die Musik wieder anstellen oder auch nur an etwas Schönes denken kann.

....

Lisa, Mama von Berit, 3 Jahre,
und Marta, 2 Jahre

Etwas von Mama im eigenen Bett

>> *Als wir unsere Tochter von unserem Bett in ihr eigenes umgewöhnt haben, hatte sie noch nicht einmal ein Kuscheltier. Mir fiel auf, dass sie sich beim Stillen immer an meinem T-Shirt festhielt, also gab ich ihr einfach ein getragenes Schlafanzugoberteil von mir. Sie hat sich direkt daran festgeklammert und ich habe sie morgens oft in mein Oberteil eingekuschelt gefunden. Mittlerweile ist sie 3 und kann immer noch besser schlafen, wenn sie ein Kleidungsstück von mir bei sich hat.* ‹‹

....

Unterhalten Sie sich vor dem Einschlafen

Es gibt vermutlich viele Gründe, warum Ihr Kind nicht möchte, dass Sie gehen. Planen Sie doch vor dem Schlafen noch ein kurzes Gespräch ein, wenn das Licht schon ausgeknipst ist. So kann Ihr Kind den Tag noch einmal mit Ihnen Revue passieren lassen.

Massage

Massagen schenken Entspannung, lindern Stress, beruhigen Ihr Kind und sorgen für eine wohlige Schläfrigkeit, sodass Ihr Sohn oder Ihre Tochter es sicherlich besser akzeptiert, wenn Sie danach aus dem Zimmer gehen. Massagen können Ihrem Kind auch helfen, leichter einzuschlafen.

Mit einer Massage kann man das Abendritual wunderschön ausklingen lassen. Erst Zähneputzen, dann Toilette (oder Windel), danach noch ein Schluck Wasser und zum Abschluss massieren Sie Ihr Kind. Sie helfen Ihrem Schatz beim Entspannen – dann kann er friedlich einschlummern.

Findet die regelmäßige abendliche Massage im Bett Ihres Kleinen statt, kann dies dazu führen, dass Ihr Kind Entspannung und Schlaf mit seinem Bett in Verbindung bringt, und das wiederum hilft, alleine einzuschlafen.

Den Tag Revue passieren lassen

Menschen, und natürlich auch Menschenkinder, sind den ganzen Tag beschäftigt und haben immer etwas zu tun. Wenn das Licht aus ist und Stille herrscht, kommen all die unerledigten Dinge in uns an die Oberfläche. Verlegen Sie die Schlafenszeit Ihres Kindes ein klein wenig nach vorn, um dann noch etwas Zeit zum Kuscheln zu haben, wenn das Licht schon aus ist. Müssen dabei Dinge geklärt werden? Nein. Hören Sie einfach nur zu. Erkennen Sie Gefühle an. Zeigen Sie Ihrem Kind, dass Sie seine Sorgen ernst nehmen und dass sie gemeinsam gelöst werden – morgen. Und greifen Sie das Thema am nächsten Tag noch einmal auf. Sie werden staunen, wie sich die Beziehung zu Ihrem Sohn oder ihrer Tochter vertieft (und wie viel leichter er oder sie einschläft).

Zum Schluss ein Hörbuch

Vorlesen ist schön und gut, aber dafür müssen Sie die ganze Zeit anwesend sein. Natürlich sollen Sie Ihrem Kind weiterhin vorlesen, da das sowohl für seine geistige Entwicklung gut als auch ein schönes Einschlafritual ist. Wenn Sie aber möchten, dass Ihr Schatz ohne Sie einschläft, begrenzen Sie die Anzahl der vorgelesenen Bücher oder die Lesezeit. Sind Sie fertig, wird das Licht ausgemacht und ein Kinderhörspiel angestellt. Im Dunkeln noch einer Geschichte zu lauschen, hilft Ihrem Kind, seine Sorgen zu vergessen, zu entspannen und friedlich einzuschlafen.

Verabredungen zum Spielen und zu Kindergeburtstagen

....

Mama von Joey, 4 Jahre

Sind Freunde denn nicht wichtig?

❯❯ *Mein Kindergartenkind wurde schon mehrfach zu seinen Freunden nach Hause oder zum Geburtstag eingeladen, aber er will einfach nie dorthin. Ich befürchte, dass ihm wirklich etwas entgeht. Sollte ich ihn irgendwie dazu bewegen, doch hinzugehen?* ❮❮

....

Im Kindergartenalter bekommen Kinder die ersten Einladungen zu Geburtstagsfeiern und Spielverabredungen. Ihr Kind kann so auf eine schöne Art seinen Horizont erweitern. Aber es hat auch sein gesamtes (gesellschaftliches) Leben noch vor sich und es ist überhaupt nicht schlimm, damit zu warten, bis es selbst so weit ist. Viele Kinder trauen

sich ein Treffen ohne ihre Eltern bis zur ersten oder zweiten Klasse nicht zu. Möchte Ihr Kind im Grunde doch teilnehmen, traut sich aber nicht so recht, können Sie ihm ein wenig helfen.

Übung macht den Meister

Manche Kinder haben weniger Trennungsangst als vielmehr Angst vor dem Unbekannten. Sie klammern sich an die Eltern, da sie diese kennen. Manchmal können wir unseren Kindern den Übergang in eine fremde Umgebung erleichtern, indem wir im Vorfeld mit ihnen alles durchspielen. Ein Beispiel:

Der fünfjährige Juan wurde schon von einigen Kindergartenfreunden zum Geburtstag eingeladen, wollte aber nie hingehen. Nun lädt Steffen ihn ein und Juans Eltern sind sich sicher, dass ihr Sohn wenigstens einmal zu einem Geburtstag gehen muss, um zu sehen, wie schön das ist und wie viel Spaß es macht.

Juans Mutter telefoniert vorab mit Steffens Eltern, erzählt von der Trennungsangst ihres Sohnes und erklärt ihnen, dass es sich um Juans erste Geburtstagsfeier handelt. Sie fragt nach dem Motto des Kindergeburtstages, wenn es eines gibt, und was genau geplant ist.

Am nächsten Tag spielt sie mit Juan das „Geburtstagsspiel", damit er sieht, wie ein Kindergeburtstag abläuft. Mit etwas Fantasie, lustigen Papphüten und in Zeitungspapier eingewickelten Spielsachen ahmen sie eine Geburtstagsparty nach, bei der Papa das Geburtstagskind ist. Juan kommt herein, sie spielen Geburtstagsspielchen, essen Kuchen und Papa packt die „Geschenke" aus.

Nach dem Spiel sprechen die drei über Steffens bevorstehenden Geburtstag und wie sehr seine Party dem Spiel ähnelt und was vielleicht anders sein wird. In den nächsten Tagen wird immer mal vom Kindergeburtstag gesprochen. Juans Mutter hat Bücher zum Thema Kindergeburtstage aus der Bücherei ausgeliehen, die sie sich gemeinsam ansehen.

Beginnen Sie bei sich zu Hause

Möchten Kinder ein bestimmtes Ereignis lieber erst einmal nicht bei jemand anderem erleben, können Sie es zunächst bei sich zu Hause stattfinden lassen. Dadurch verlässt Ihr Kind altbekannte Wege und lernt neue Aktivitäten in seinem Tagesablauf kennen. Waren zum Beispiel einige Kinder bereits bei Ihnen zu Hause zum Spielen, ist es für Ihren Sohn oder Ihre Tochter nicht mehr so schlimm, zu einer Feier zu gehen, wo genau diese Kinder auch sein werden, denn mit ihnen hat Ihr Kind bereits außerhalb von Kindergarten oder Schule eine schöne Zeit gehabt.

Fahrgemeinschaft mit Freunden

Wenn Ihr Kind irgendwo eingeladen ist, laden Sie doch ein oder zwei der anderen Gäste vorher zu sich nach Hause ein. Die Kinder könnten erst etwa eine Stunde spielen und dann von Ihnen gemeinsam zum Treffen gebracht werden. Es ist einfacher, gemeinsam zu einer Einladung zu erscheinen, als allein.

Spaß bei Nacht: Übernachtungen bei Freunden

Mama von Timmy, 10 Jahre

Sein Teddy ist ihm peinlich

›› *Mein Sohn ist in der 4. Klasse, hat aber noch nie bei einem Freund übernachtet. Er sagt, er will das gar nicht, aber ich bin mir sicher, er hat nur Angst, Heimweh zu bekommen. Und außerdem gibt es einen zweiten Grund: Er kann nicht ohne seinen heißgeliebten Teddy schlafen, aber es wäre ihm viel zu peinlich, ihn mitzunehmen. Ohne ihn geht es aber eben auch nicht.* ‹‹

Woanders zu übernachten ist ein großes Ereignis im Leben eines Kindes. Manche Kinder sind schon im Kindergartenalter bereit dafür, andere aber erst in der dritten oder vierten Klasse – oder sogar noch später. Seien Sie beruhigt: Es ist für die Entwicklung Ihres Kindes nicht entscheidend, so früh wie möglich bei anderen zu übernachten. Der richtige Zeitpunkt dafür ist genau dann, wenn Ihr Sohn oder Ihre Tochter so weit ist.

Ihr Kind muss sich Trennungen stellen. Aber Kinder sollten selbst entscheiden dürfen, in welchem Tempo sie das tun. Wenn Sie es zu sehr drängen, blockt es vielleicht völlig ab und weigert sich, irgendetwas in der Richtung zu unternehmen.

Nur weil andere Kinder in der Klasse schon bei anderen übernachten, muss doch Ihr Kind noch nicht reif dafür sein. Wenn die Teilnahme freiwillig ist, lassen Sie Ihr Kind frei entscheiden. Geht es allerdings um etwas wie ein Pfadfinderlager oder einen Aus-flug mit der Schule oder dem Sportverein, ermutigen Sie Ihren Sohn oder Ihre Tochter dazu, mitzufahren. Behalten Sie dabei im Auge, dass Ihr Kind eigentlich nicht so ganz davon überzeugt ist, und versuchen Sie, es ihm leichter zu machen.

Würde Ihr Kind eigentlich gern mitmachen, traut sich aber aus Unsicherheit, Sorgen oder Trennungsangst nicht, versuchen Sie es mit den folgenden Vorschlägen.

Finden Sie individuelle Regelungen

Überprüfen Sie, ob vielleicht kleine Ände-rungen im Ablauf möglich sind. Vielleicht kann Ihr Kind ja am Treffen teilnehmen, aber vor der Schlafenszeit von Ihnen abgeholt werden. So könnte es bei dem Teil mitma-chen, an dem es Spaß hat, ohne auswärts übernachten zu müssen.

Machen Sie einen Probedurchlauf

Die Angst vor dem Unbekannten können Sie Ihrem Kind ein wenig nehmen, indem Sie eine bevorstehende Übernachtung bei sich zuhause durchspielen. So übt Ihr Kind, wie es sich in einem fremden Haus für die Nacht fertig macht, aber auch wie es Sie anrufen kann, wenn es Angst hat oder sich Sorgen macht. Sprechen Sie mit Ihrem Kind auch über gutes Benehmen: das dreckige Geschirr in die Küche bringen, das Bett machen, höflich sein. Kann sich Ihr Kind auf solche Details konzentrieren, nimmt ihm das ein wenig die Unsicherheit.

Lassen Sie Ihr Kind Gastgeber sein

Bevor Ihr Kind woanders übernachtet, darf es selbst Kinder zu sich einladen. So sieht es in seiner vertrauten Umgebung, wie es ist, wenn andere Kinder woanders übernachten.

Bei wem darf Ihr Kind übernachten?

Einfacher wird die erste Übernachtung bestimmt, wenn die Eltern des zu besuchen-den Kindes einen ähnlichen Erziehungsstil leben wie Sie. Wenn Ihr Kind beim Schlafen-gehen Angst bekommt oder nachts auf-wacht, möchten Sie ja, dass sich einfühlsame Erwachsene um Ihren Schatz kümmern und ihn liebevoll in den Schlaf begleiten.

Als erste Übernachtungsmöglichkeit, noch vor der Übernachtung bei Freunden, bieten sich oft die Großeltern oder andere Ver-wandte an. Besonders schön ist es, wenn deren Zuhause Ihrem Kind schon vertraut ist. Eine positive Erfahrung bei Oma und Opa baut Selbstvertrauen auf, um auch einmal bei einem Freund zu übernachten.

Passt die Umgebung?

Wählen Sie die ersten Male einen Ort, an dem eine ähnliche Stimmung herrscht wie bei Ihnen zu Hause. Wenn sich bei Ihnen mehrere Kinder ein Zimmer teilen, Hunde durch die Wohnung flitzen und abends der Fernseher läuft, fühlt sich Ihr Kind in einer ruhigen Um-gebung mit nur einem Kind, ohne Haustiere und absoluter Stille nach dem Schlafenge-hen vermutlich fehl am Platz. Andersherum ebenso: Geht es bei Ihnen ruhig und leise zu, ist Ihr Kind in einem trubeligen Haushalt mit vielen Menschen und einer dementsprechen-den Geräuschkulisse vielleicht überfordert.

Das Kuscheltier kommt heimlich mit

Einem größeren Kind ist es manchmal peinlich, seine Kuscheldecke oder den Lieblingsteddy mitzunehmen, aber ohne kann es auch nicht schlafen – erst recht nicht in fremder Umgebung. Geben Sie ihm doch sein eigenes Kissen oder seinen Schlafsack mit und verstecken Sie das Kuscheltier dort. So merkt niemand, dass Ihr Kind nicht alleine ist, und es findet leichter in den Schlaf.

Ihr Kind als rasender Reporter

Sie möchten doch sicherlich auch gern wissen, was Ihr Kind macht. Geben Sie ihm, wenn es möchte, Notizbuch und Stift mit, damit es seine Erlebnisse kurz aufschreiben kann, oder geben Sie ihm eine Wegwerf-kamera, damit es ein paar Fotos machen kann. Ihr Kind hat dann eine Aufgabe und es macht ihm sicherlich Spaß, sein Abenteuer für Sie festzuhalten.

Thema Bettnässen

Nässt Ihr Kind noch ein, überlegen Sie sich im Vorfeld, wie Sie damit umgehen. Kaufen Sie extra Windelhöschen, die wie Unter-wäsche aussehen, aber wie eine Windel dicht halten. Bitten Sie Ihr Kind, sich im Bad umzuziehen, und geben Sie lieber einen weiten statt einen engen Schlafanzug mit (oder Ihrem Mädchen ein Nachthemd). Nach dem Abendessen sollte Ihr Kind nicht mehr so viel trinken, besonders keine Softgeträn-ke, und vor dem Schlafengehen zweimal zur Toilette gehen. Packen Sie einen zwei-ten Schlafanzug mit ein, falls Ihr Kind sich nachts doch umziehen muss, und eine Plas-tiktüte für eventuell nasse Kleidung oder die benutzte Windel.

Ein besonderer Schlafplatz

Schlafen die Kinder in normalen Betten im Kinderzimmer, ist das zwar ähnlich wie zu Hause, aber dennoch fremd genug, um Heimweh auszulösen. Wie wäre es denn, wenn die Kinder in ihren Schlafsäcken einfach im Wohnzimmer campten oder in selbstgebauten Höhlen schliefen? So ein besonderer Schlafplatz lässt meist gar kein Heimweh aufkommen.

Haben Sie einen Plan B in der Hinterhand

Vielen Kindern reicht es zu wissen, dass sie zu Hause anrufen könnten, um sich abholen zu lassen. Sie können der Gastgeberin sagen „Mir geht es nicht gut. Ich möchte zu Hause anrufen", was ja auch stimmt, denn wenn es einem „nicht gut geht", schließt das sowohl körperliches als auch emotionales Unwohl-sein ein. Sie können auch ein Codewort vereinbaren, wenn Ihr Kind seine Meinung

ändert und abgeholt werden möchte. Reden Sie am Tag danach über das Erlebte und loben Sie Ihr Kind, dass es zumindest den Versuch gestartet hat und so lange geblieben ist, wie es sich für ihn oder sie gut angefühlt hat. Kritisieren Sie Ihr Kind nicht, weil es die Übernachtung abgebrochen hat, so fasst es neuen Mut für einen zweiten Versuch.

Gute Reise! Wenn die Eltern allein verreisen

Mama von Rebecca, 8 Jahre und Ron, 4 Jahre

Sollen wir – oder sollen wir nicht?

>> *Wir haben die Möglichkeit, für ein paar Tage Freunde auf Hawaii zu besuchen – nur mein Mann und ich. Oma und Opa haben sich schon angeboten, eine Woche lang die Kinder zu nehmen. Ich bin hin- und hergerissen. So einen Urlaub fände ich toll, aber ich mache mir auch Sorgen wegen der Trennungsangst der Kinder – so sehr, dass ich sogar darüber nachdenke, das Angebot auszuschlagen!* <<

Sobald Sie Eltern werden, fällen Sie alle Entscheidungen auch im Hinblick auf Ihre Kinder. Und Sie sind nicht die Ersten, die eine wunderbare Gelegenheit auslassen würden, um den Kindern nichts zumuten zu müssen. Aber: Gibt es liebevolle, verantwortungs- bewusste und vertraute Menschen, die sich während Ihrer Abwesenheit um Ihre Kinder kümmern würden? Dann los! Es dauert vielleicht ein oder zwei Tage und einige Telefonate, bis Sie sich wirklich entspannen

können, aber sehr wahrscheinlich werden alle eine schöne Zeit haben.

Sarah, Mama von Alasia, 3 Jahre, und Mattias, 1 Jahr

Das erste Mal ohne Kind unterwegs

>> *Als ich meiner Tochter sagte, dass ich ein paar Tage wegfahre und Omi und Opi währenddessen bei ihr sein würden, hat ihr das überhaupt nicht gefallen. Ich habe sie daran erinnert, dass Omi und Opi schon sehr oft auf sie aufgepasst haben, und ihr erzählt, was sie alles bereits gemeinsam unternommen haben. Als die Großeltern dann mit einer Packung Kekse in der Hand vor der Tür standen, war die Traurigkeit meiner Tochter wie wegge- blasen. Nachdem ich mich verabschiedet hatte, spielten alle zusammen Verstecken, auch mein Kleiner, sodass ich problemlos gehen konnte.* <<

Abendgrüße einmal anders

In vielen Kinderbüchern werden Gute- Nacht-Grüße über den Mond oder die Sterne an die entfernten Liebsten geschickt. Problematisch wird das, wenn Ihr Kind schlafen geht, bevor es dunkel wird oder wenn es in einer wolkigen Nacht Mond und Sterne nicht sehen kann. Ziehen Sie lieber narrensichere Wege in Betracht, zum Beispiel:

- Stellen Sie ein Familienfoto auf den Nacht- tisch Ihres Kindes.
- Nehmen Sie ein Gute-Nacht-Lied oder ei- nen Gruß auf, der abends abgespielt wird.

- Schenken Sie Ihrem Kind eine Karte, auf der Sie handschriftlich süße Träume wünschen.
- Ziehen Sie einem Kuscheltier eines Ihrer T-Shirts an, damit Ihr Kind nachts damit kuscheln kann.

Die Betreuungsperson sollte dieses Ritual schon zu Beginn der Zubettgehprozedur einführen und nicht erst, wenn das Licht ausgemacht wird, denn sonst könnte direkt vor dem Schlafen noch einmal die Trennungsangst auflodern.

Telefonate – ja oder nein?

Manche Kinder telefonieren liebend gern mit ihren Eltern. Andere vermissen die Eltern dann nur noch mehr. Telefonieren Ihre Kinder gern, rufen Sie dennoch nur kurz an und seien Sie fröhlich. Erzählen Sie etwas Interessantes. Stellen Sie keine allgemeinen Fragen wie „Wie geht es dir?", sondern fragen Sie lieber konkret, was an dem Tag passiert ist, wie zum Beispiel: „Oma hat erzählt, ihr habt Kekse gebacken. Welche Kekse denn?"

Fotobuch

Geben Sie Ihrem Kind vor Ihrer Abreise ein Fotobuch mit Bildern, auf denen die ganze Familie gemeinsam etwas Schönes gemacht hat. Dieses Buch können sich Ihre Kinder dann jederzeit ansehen.

Nehmen Sie eine Geschichte auf

Nehmen Sie auf, wie Sie Ihrem Kind ein Buch vorlesen oder erzählen – bei jüngeren Kindern kann es auch ein Bilderbuch sein. Lassen Sie ein Glöckchen erklingen, wenn Ihr Kind umblättern soll. Ihr Kind kann sich

das Buch anschauen, während es nebenbei Ihrer Stimme lauscht.

Sie können auch gut im Vorfeld die gemeinsame Lesezeit aufnehmen, die sich Ihre Kinder anhören können, wann immer sie wollen. Kinder hören sich Geschichten gern mehrmals an und wenn sie auch ihre eigene Stimme auf der Aufnahme hören, denken sie daran zurück, wie Sie gemeinsam die Geschichte aufgenommen haben.

Natürlich kann die Geschichte beim Zubettgehen vorgespielt werden, aber das muss nicht unbedingt die ideale Zeit dafür sein, denn möglicherweise vermisst Ihr Kind Sie noch mehr, wenn es Ihre Stimme hört. Andere Kinder wiederum finden es tröstlich, vor dem Einschlafen noch einmal die Stimme von Mama oder Papa zu hören. Überlassen Sie die Entscheidung, wann die passende Zeit dafür ist, der Betreuungsperson.

Organisieren Sie Treffen mit Freunden und Ausflüge im Vorfeld

Laden Sie bereits vor Ihrer Abreise ein befreundetes Kind zu sich nach Hause ein oder verabreden Sie Ihr Kind bei einem Freund, zu dem es gerne geht. Schauen Sie nach, welche tollen Sachen in Ihrer Umgebung stattfinden, während Sie nicht da sind. Ein Ausflug in den Zoo, zum Puppentheater, zum Minigolf oder wohin auch immer ist eine schöne Abwechslung und lenkt ab.

Kreatives

Besorgen Sie im Vorfeld genug Bastelmaterial. Während Sie nicht da sind, könnten Ihre Kinder mit der Betreuungsperson zusammen etwas für Sie basteln. Ein „Willkommen zurück"-Poster oder ein Fotobüchlein mit Bildern von dem, was während Ihrer Abwesenheit alles passiert ist, geben Ihren Kindern einige Tage lang etwas zu tun, und die Vorfreude, Ihnen eine Freude machen zu können. Auch selbstgebackene Plätzchen sind ein schönes Begrüßungsgeschenk, über das Sie sich sicherlich freuen werden. Ein Geschenk für jemanden vorzubereiten, steigert die Vorfreude auf das baldige Wiedersehen.

Wenn ein Elternteil woanders arbeitet

Für eine Familie ist es eine riesige Herausforderung, wenn ein Elternteil die meiste Zeit weit weg verbringt. Der gesamte Alltag ändert sich, die gemeinsame Zeit wird noch kostbarer.

Kleine Kinder haben noch kein Zeitgefühl und verstehen nicht, wann Mama oder Papa zurückkommen. Für sie ist es einfach nur eine Ewigkeit.

Vielleicht kennen Sie bereits andere Familien, die berufsbedingt getrennt leben, und können sich dort Tipps und Unterstützung holen. Auch Kinder tauschen sich gern mit anderen Kindern aus, die sich in einer ähnlichen Situation befinden.

Die folgenden Ideen eignen sich sowohl, wenn ein Elternteil regelmäßig weg ist als auch, wenn er oder sie nur einmal längere Zeit beruflich unterwegs ist.

....

Mama von Toni, 5 Jahre, und Jessica, 3 Jahre

Das wird eine große Umstellung

>> *Mein Mann wurde innerhalb seiner Firma an einen anderen Standort versetzt, sodass er nun unter der Woche weit weg in einer fremden Stadt arbeitet und wohnt und nur die Wochenenden bei uns zu Hause ist. Wie können wir unseren Kindern bei dieser Veränderung helfen, besonders wenn sie ihren Papa vermissen?* <<

....

Erklären Sie Ihrem Kind in einfachen Worten, was los ist

Ihr Kind muss nicht genau wissen, warum ein Elternteil woanders arbeitet. Es reicht, wenn Sie ihm verständlich erklären, dass Mami oder Papi eben nur dort der Arbeit nachgehen kann, dass sie bzw. er aber immer, immer, immer wieder zurückkommt.

Nehmen Sie die Gefühle Ihres Kindes ernst

Kinder haben ganz vielfältige Gefühle. Versichern Sie Ihrem Schatz, dass es vollkommen in Ordnung ist, traurig oder wütend zu sein oder Angst zu haben. Erklären Sie auch, dass man mit diesen Gefühlen leben und dabei dennoch Spaß und eine schöne Zeit haben kann – auch wenn man Mami oder Papi ganz schrecklich vermisst. Stellen Sie aber keine Vermutungen darüber an, wie Ihr Kind sich fühlt, sondern fragen Sie es direkt. Wenn Sie wirklich wissen, wie Ihr Kind sich fühlt, können Sie auch viel besser auf seine Gefühle eingehen.

Basteln Sie einen Wiedersehenskalender

Wenn Sie genau wissen, wann Mama oder Papa wieder zu Hause sein werden, ist ein Wiedersehenskalender eine schöne Idee. Das kann ein normaler Kalender sein, eine Pinnwand mit kleinen Zetteln für jeden Tag oder eine Wäscheleine mit Klammern für jeden Tag. Jeden Tag wird eine Seite im Kalender abgerissen, ein Zettelchen oder eine Klammer abgenommen. So sieht Ihr Kind, dass das Wiedersehen immer näher rückt.

Eine Mama/Papa-Geschenke-Kiste

Kleben Sie auf eine große Kiste ein Foto von dem Elternteil, der nicht zu Hause ist. Mama oder Papa befüllen diese Kiste vor Ihrer Abreise mit kleinen Geschenken, zum Beispiel Spielfiguren, kleinen Spielzeugtieren, Aufklebern oder Süßigkeiten – ein Geschenk pro Tag, an dem Mama oder Papa nicht zu Hause ist. Es kann ein schönes Ritual werden, wenn Ihr Kind täglich ein kleines Geschenk aus dieser Kiste bekommt. Wenn nicht genau klar ist, wann Mama oder Papa zurück sein werden, können Sie die Kiste immer wieder neu befüllen.

Behalten Sie Tagesabläufe und Rituale bei

Besonders morgens und abends sollten Sie während der Umstellung bei Ihrem üblichen Ablauf bleiben. Das gleiche Essen, dieselben Spiele wie immer. Führen Sie während dieser Zeit möglichst keine Neuerungen ein. So gibt das Altbekannte im Tagesablauf Ihrem Kind Sicherheit.

Nehmen Sie eine Geschichte auf

Bevor Mama oder Papa gehen, sollten sie eine Geschichte vorlesen und aufnehmen. Einem jüngeren Kind kann ein Bilderbuch vorgelesen werden, was beispielsweise denselben Aufkleber bekommt wie die CD. Lassen Sie ein Glöckchen erklingen, wenn Ihr Kind umblättern soll, so kann es sich das Buch anschauen, während Sie vorlesen, als wären Sie wirklich da. Älteren Kindern können Sie ein altersentsprechendes Buch vorlesen oder schon im Vorfeld aufnehmen, was Sie aktuell Ihrem Kind vorlesen. Sie können sich auch abwechseln: Eine Seite lesen Sie, die andere Ihr Kind, sodass es auch sich selbst auf der Aufnahme hört, wenn Sie miteinander lachen und reden.

Informieren Sie andere Bezugspersonen

Es ist wichtig, dass andere Betreuer wie Erzieher oder Lehrer, aber auch gute Freunde über diese Veränderung informiert werden, damit sie Ihr Kind unterstützen können und gegebenenfalls wissen, warum es sich anders verhält.

Anhänglicher und kuschelbedürftiger

Vermissen Kinder einen Elternteil, möchten sie von dem anderen mehr Zuwendung. Versuchen Sie Ihrem Kind geduldig noch mehr Zeit und Aufmerksamkeit zu widmen. Allmählich wird sich Ihr Kind an den neuen Alltag gewöhnen und wieder weniger klammern.

Eine Umarmung zum Mitnehmen

Da ein Elternteil körperlich nicht da ist, können Sie etwas basteln, was zumindest ein bisschen Trost spendet. In ihrem Kinderbuch „A Paper Hug" schlägt Stephanie Skolmoski vor, Handabdrücke vom Kind zu machen, diese auszuschneiden und an einem Faden aufzureihen, sodass der Elternteil, der nicht zu Hause ist, eine Umarmung vom Kind mitnehmen kann. Ich schlage vor, dass der Elternteil, der geht, auch so eine Umarmung für sein Kind bastelt. Wenn Sie gut in Handarbeiten sind oder gerne basteln, können Sie die Umarmung auch noch lebensechter machen, indem Sie die Handabdrücke bzw. Hände aus Stoff anfertigen oder häkeln. Wenn der Faden zwischen den Händen kurz genug ist, eignet sich dieses Andenken auch als Begleiter auf den Weg ins Land der Träume.

Tagebuch führen

Auch so etwas Einfaches wie ein Schuhkarton voller Zeichnungen und Erinnerungen an das, was das Kind während Ihrer Abwesenheit getan hat, kann eine Tagebuchfunktion einnehmen. Meist freuen sich die Kinder sehr darauf, dem vermissten Elternteil beim Wiedersehen all die Andenken und Bilder präsentieren zu dürfen, die es gesammelt hat. Es macht auch das Wiedersehen insgesamt ungezwungener, da die Kinder ganz konkret etwas zu tun haben: erzählen, was sie alles erlebt haben.

Strahlen Sie Zuversicht aus

Selbst das kleinste Baby spürt, wie seine Eltern sich fühlen. Strahlen Sie Zuversicht aus und denken Sie auch an sich selbst. Treffen Sie sich mit Freunden oder Verwandten, um selbst aufzutanken. Denn nur dann können Sie gut für Ihre Kinder da sein, insbesondere wenn Ihr Partner längere Zeit nicht da ist.

Trennung, Scheidung, neue Partnerschaft

....

Mama von Josef, 7 Jahre, und Phil, 3 Jahre

Es macht ihnen sehr zu schaffen

》 *Unsere Trennung ist für unsere Kinder nicht leicht. Sie lieben uns beide sehr. Der Wechsel zwischen den beiden Wohnungen lässt immer Trennungsangst aufkommen, egal bei wem die Kinder gerade sind. Wie können wir unseren Kindern in dieser Situation helfen?* 《

....

Trennung, Scheidung und ein neuer Partner wirken sich direkt auf das Leben Ihrer Kinder aus. Es kann lange dauern, bis sich Ihre Kinder an die neue Situation gewöhnt haben, zum Beispiel den Wechsel zwischen Mama und Papa, und auch bei Ihnen selbst müssen sich neue Abläufe und Routinen einspielen. Die folgenden Anregungen sollen Ihnen helfen, Ihren Kindern diese Umbruchphase zu erleichtern.

Nehmen Sie die Gefühle Ihrer Kinder an

Höchstwahrscheinlich vermissen Ihre Kinder den anderen Elternteil und sind überfordert mit der neuen Familienkonstellation. Wenn Sie ihren Schmerz verstehen, hilft ihnen das, sich in der neuen Situation zurechtzufinden. Auch eine Selbsthilfegruppe für betroffene (ältere) Kinder ist eine gute Möglichkeit zum Austausch. Die Kinder erzählen sich zwar nicht unbedingt alles, aber schon allein die Tatsache, dass andere Kinder Ähnliches durchmachen, schafft Verbundenheit.

Nutzen Sie zwei magische Armbänder

Das magische Armband kann Ihrem Kind auch helfen, sich dem abwesenden Elternteil näher zu fühlen. Das zeigt Ihrem Kind, dass es sowohl von Mama als auch Papa geliebt wird, egal wo diese gerade sind. Ich empfehle Ihnen, zwei verschiedene Armbänder einzuführen – eins für jeden Elternteil. Denken Sie auch an einen Ersatz für jedes Armband, das Sie gut und sicher in jedem Haushalt aufbewahren. Womöglich hilft es sogar, dass Ihr Kind beide Armbänder gemeinsam trägt, um sich mit beiden Elternteilen vereint zu fühlen.

Alles doppelt

Je mehr Dinge, die Ihrem Kind wichtig sind, in beiden Haushalten vorhanden sind, umso einfacher wird Ihr Sohn oder Ihre Tochter mit der neuen Situation zurechtkommen, da es nicht ständig etwas vermissen muss. Vielleicht planen Sie zunächst, alle wichtigen Dinge hin und her mitzunehmen, aber Sie werden feststellen, dass immer mal wieder etwas verloren geht oder vergessen wird.

Die wichtigsten Dinge, die Sie doppelt anschaffen sollten:

• Kuscheltiere oder andere Lieblingsspielsachen oder -puppen
• Kissen, Bettdecken, Bettwäsche
• Wippe, Hochstuhl, Töpfchen
• Fläschchen und Schnuller

Ähnliche Haustiere in beiden Haushalten

Ihrem Kind gibt es vielleicht Sicherheit, wenn es bei Mama und Papa ähnliche Haustiere gibt. Gibt es in jedem Haushalt das gleiche Tier, kann das eine Verbindung zwischen beiden Orten herstellen und sorgt automatisch auch für einen ähnlichen Tagesablauf.

Kontakt zu Mama und Papa

Ermöglichen Sie Ihrem Kind, jederzeit den abwesenden Elternteil zu kontaktieren, wenn es das will. Es gibt ihm eine gewisse Sicherheit, wenn es weiß, dass es Mama oder Papa immer erreichen kann, also zeigen Sie ihm, wie es alleine telefonieren, SMS oder E-Mails schicken kann. Lebt der andere Elternteil weiter entfernt, vielleicht sogar in einem anderen Land, geben Sie Ihrem Sohn oder Ihrer Tochter auch Briefpapier, frankierte Umschläge und kleine Kisten, in denen es Andenken und Überraschungen aufbewahren kann.

Führen Sie einen festen Tagesablauf ein

Kindern fällt die Bewältigung schwieriger Situationen leichter, wenn ihre Tage vorhersehbar sind und gleich ablaufen. Ihre Kinder sind dann weniger unsicher, egal in wessen Wohnung sie sich gerade befinden. Das schließt auch feste Uhrzeiten für das Aufstehen, die Mahlzeiten, Spielen und Schlafen ein. Und es bedeutet auch, ein einheitliches Ritual für das Schlafengehen und die Mahlzeiten zu haben sowie ähnliche Höflichkeitsregeln in beiden Haushalten. Schreiben Sie am besten die wichtigsten Punkte auf und deponieren Sie diesen Zettel in beiden Wohnungen, denn dann fällt es leichter, sich daran zu halten.

Und Ihre eigene Trennungsangst?

Auch Sie werden Ihre Kinder vermissen, wenn sie nicht bei Ihnen sind. Reden Sie offen mit einem Freund, Verwandten oder auch einem Therapeuten über alles, was Sie bewegt. So finden Sie am ehesten einen guten Weg, mit Ihren Gefühlen umzugehen. Es ist ein Prozess, der sicher mehrere Monate dauern wird.

Verschonen Sie Ihre Kinder

Für Kinder ist es ganz schlimm, wenn sie anhören müssen, wie jemand etwas Negatives über den Elternteil sagt, den sie gerade so sehr vermissen. Das kann nicht nur die Trennungsangst verschlimmern, es ruft auch noch Schuldgefühle hervor, weil sie die vermeintlich „böse" Person vermissen. Also bitte keine negativen Kommentare, wenn Ihr Kind anwesend ist.

Suchen Sie sich Hilfe

Dieses Buch kann das Thema Trennung nur streifen. Sie brauchen weit mehr als nur ein paar Seiten mit Vorschlägen, damit Sie und Ihre Kinder die neue Situation irgendwann als „Normalität" ansehen. Vielleicht hilft es Ihnen, sich mit anderen Eltern in einer ähnlichen Lage auszutauschen. Selbsthilfegruppen vor Ort und im Internet können Sie dabei unterstützen, sich in diesem neuen Kapitel Ihres Lebens zurechtzufinden.

Dienstreisen

....

Mama von Emily, 5 Jahre, und Mia, 3 Jahre

Papa muss jetzt öfter weg

>> *Mein Mann wurde gerade befördert, was bedeutet, dass er nun regelmäßig auf Dienstreise muss. Wie können wir den Kindern in dieser neuen Lebenssituation helfen?* ‹‹

....

Ist ein Elternteil regelmäßig beruflich unterwegs, akzeptieren Kinder das für gewöhnlich recht schnell und betrachten es als Teil ihres „normalen" Familienlebens. Der Schlüssel zum Erfolg liegt in der Art, wie Sie mit den Trennungen umgehen und wie der abwesende Elternteil und die Kinder einander im Herzen verbunden bleiben. Lesen Sie dazu auch die Tipps aus dem Kapitel „Wenn ein Elternteil woanders arbeitet (Seite 99)".

Dienstreise-Rituale

Damit Dienstreisen zu einem normalen Bestandteil Ihres Familienlebens werden, sollten Sie feste Rituale beim Abschied, während der Abwesenheit und beim Wiedersehen einführen. Machen Sie die Tage, die Mama oder Papa nicht da sind, für Ihr Kind entsprechend seinem Alter sichtbar, zum Beispiel mit Aufklebern oder einem Kalender. Sobald Ihre Kinder den Sinn hinter dieser Sache verstanden haben, lässt sich auf diese Weise die Wartezeit verkürzen.

Regelmäßige Kommunikation ist wichtig

Finden Sie Wege, damit Kinder und Eltern auch über weite Entfernungen in Kontakt bleiben, mittels SMS, Telefonaten oder E-Mails. Damit auch jüngere Kinder die Telefonate schöner finden (meist mögen sie das nämlich nicht so sehr), nutzen Sie die Lautsprechfunktion oder Skype, sodass sich alle zusammen unterhalten können. Das ist auch eine gute Möglichkeit, wenn ein kleines Kind keine Lust mehr hat, denn so kann es mit einem Ohr noch dem Gespräch lauschen, sich aber mit etwas anderem beschäftigen.

Keine Gewissensbisse

Eltern haben nun einmal unterschiedliche Arbeitszeiten und Kinder sind sehr anpassungsfähig. Dienstreisen sind ein normaler, interessanter Bestandteil Ihrer Arbeit. Legen Sie den Schwerpunkt nicht auf die Trennung oder Ihre Abwesenheit. Erzählen Sie lieber, wo Sie waren und was Sie gemacht haben.

Ihr Kind darf Ihnen ein Spielzeug mitgeben

Gewöhnen Sie sich beim Packen an, dass Ihre Kinder Ihnen ein kleines Spielzeug mit in den Koffer legen dürfen. Es ist eine schöne Vorstellung, dass ein Teil von ihnen mit Mama oder Papa auf Reisen geht, und es kann auf gewisse Weise eine Verbindung zwischen Ihnen herstellen.

Bringen Sie Kleinigkeiten mit

Bringen Sie kleine Mitbringsel von Ihren Reisen mit nach Hause. Das müssen keine großartigen Geschenke sein, es genügen kleine Erinnerungen wie Kühlschrankmagnete, Schlüsselbänder oder Postkarten. Ihre Kinder haben dann etwas, worauf sie sich freuen können, wenn Sie endlich wieder nach Hause kommen.

Holen Sie die gemeinsame Zeit nach

Sie müssen nicht rund um die Uhr mit Ihren Kindern spielen, wenn Sie wieder zu Hause sind, aber planen Sie feste Spielzeiten ein. Kleine Kinder profitieren schon von einer Stunde Ihrer ungeteilten Aufmerksamkeit pro Tag. Diese gemeinsame Zeit kann die Bindung zwischen Ihnen stärken.

Ryan, Papa von Hannah, 7 Jahre,
und Evan, 4 Jahre

Mitbringsel von meinen Dienstreisen

>> *Ich reise beruflich sehr viel. Wir haben eine große Wandkarte und meine Frau hat dort ein Foto von mir aufgeklebt und einen Countdown, wann ich wieder zu Hause bin. Jeden Tag streichen die Kinder einen Tag weg und sie freuen sich schon auf das Wiedersehen. Ich bringe immer eine Postkarte mit, die wir dann an die Wand heften. Auch darauf freuen sie sich.* ‹‹

Wenn das Geschwisterkind in die Schule kommt

Mama von Stuart, 7 Jahre, und
Vincent, 5 Jahre

Trennungsangst unter Geschwistern

>> *Unser ältester Sohn kommt im Herbst in die Schule und ich mache mir ein wenig Sorgen um seinen kleinen Bruder. Die beiden spielen ständig miteinander und deshalb bin ich mir sicher, dass der Kleine den Großen ganz schrecklich vermissen wird. Was kann ich tun?* ‹‹

Viele Kinder haben eine ganz tolle Beziehung zu ihrem wenig älteren Geschwisterkind, das nun aber plötzlich jeden Tag zur Schule geht. Ist der geliebte Bruder oder die große Schwester dann einige Stunden täglich weg, kann das kleinere Kind eine ganz spezielle Form der Trennungsangst entwickeln, die anders ist als jene, wenn es von den Eltern getrennt ist. Viele Eltern sind so mit der Eingewöhnung des großen Kindes in die Schule beschäftigt, dass sie das kleinere Kind fast schon aus dem Fokus verlieren. Und erst wenn sie dann etwas mehr Zeit alleine mit dem jüngeren Kind haben, fallen ihnen neue Verhaltensweisen auf – Wutanfälle, Gereiztheit oder schlechte Laune, die sie gar nicht mit der Einschulung in Verbindung bringen. Es dauert einige Zeit, bis sich Ihr kleines Kind an die neue Situation gewöhnt hat, und die folgenden Tipps können ihm dabei helfen.

Gemeinsame Spielzeit für die Geschwister

Wenn möglich, gönnen Sie den Kindern direkt nach der Schule etwas gemeinsame Zeit. Hausaufgaben, Essen und andere Aktivitäten können warten. Lassen Sie den beiden freie Zeit zum Spielen, damit auch Ihr kleines Kind sein Bedürfnis befriedigen kann, mit dem Geschwisterchen zusammen zu sein.

Beschäftigen Sie Ihr kleines Kind

Ist ein Kind beschäftigt, bleibt weniger Zeit zum Vermissen, also geben Sie Ihrem Sohn oder Ihrer Tochter etwas zu tun. Spielzeug, Gesellschaftsspiele oder Hilfe im Haushalt lenken Ihr kleines Kind besonders in der Übergangsphase ab, also in der ersten Stunde, nachdem das Geschwisterkind gegangen ist.

Besuchen Sie die Schule

Kleine Kinder finden es vielleicht beängstigend, wenn ihr Bruder oder ihre Schwester jeden Tag stundenlang weg ist und sie noch nicht einmal wissen, wo genau. Also statten Sie der Schule doch gemeinsam einen oder auch mehrere Besuche ab. Lassen Sie Ihren kleinen Schatz durch die Flure gehen und auf dem Schulhof spielen. Wenn Sie an der Schule vorbeikommen, sagen Sie auch etwas wie „Schau mal, da ist die Schule deines Bruders!".

Auch das kleine Kind wird mal ein Schulkind

Vielleicht fühlt sich Ihr jüngeres Kind benachteiligt, weil es selbst noch kein Schulkind ist. Erzählen Sie ihm, dass es auch zur Schule gehen wird, wenn es älter ist. Beziehen Sie es so weit wie möglich in die Vorbereitungen mit ein: das Pausenbrot für den großen Bruder oder die große Schwester einpacken oder ein Bild malen. So kann es sich sicher sein, dass das ältere Geschwisterkind es nicht vergisst.

Zeit zu zweit

Ihr Kleines gewöhnt sich schneller an diesen neuen Lebensabschnitt, wenn es merkt, dass Sie dadurch mehr Zeit für es haben. Ob Sie nun zu Hause spielen oder gemeinsam Erledigungen machen, diese Zeit zu zweit tut auch Ihrer Bindung gut. Für ein Kind, das bislang kaum Zeit alleine mit Mama oder Papa verbringen konnte, sind das wertvolle Augenblicke.

Wenn Eltern Trennungs- angst haben

Nicht nur Kinder leiden an Trennungsangst. Auch für Eltern ist es eine neue Situation, das Kind nun jemand anders anzuvertrauen – und ein Stück loszulassen.

Frischgebackene Eltern sind oft davon überwältigt, wie stark die Bindung zu ihrem Sohn oder ihrer Tochter ist. Natürlich rechnen sie mit einem Gefühl von Liebe, aber so viel Leidenschaft ist mehr, als viele Menschen überhaupt erwarten. Viele Eltern hätten nie geglaubt, derart intensiv und innig fühlen zu können.

Diese bedingungslose Liebe ist es, die auch Ihren Beschützerinstinkt auslöst. Wenn Sie gerade nicht bei Ihrem Kind sind, sind genau das die Emotionen, die bei Ihnen Trennungsangst auslösen. In Ihnen entstehen Gefühle von Kontrollverlust oder Angst vor dem Verlust von Liebe und Gemeinschaft, wenn Sie Ihr Baby dem Babysitter übergeben, Ihr Kleinkind zur Tagesmutter bringen, das Kindergartenkind der Erzieherin anvertrauen oder Ihr Schulkind in den Schulbus steigen sehen. Ihre Gefühle können dabei von leichtem Unbehagen bis zur richtigen Panik reichen.

Der erste Schritt, um mit Ihrer Trennungsangst umzugehen, besteht darin, dass Sie sie einfach als etwas Normales anerkennen, das nun einmal zum Leben als Mutter oder Vater dazugehört. Sie wurzelt in der von Natur aus starken Bindung zwischen Ihnen und Ihrem Kind. Stellen Sie als zweites sicher, dass Ihr Kind in guten Händen ist, wenn Sie nicht bei ihm sind. Und schließlich, als letzten Schritt, gestehen Sie sich Momente ohne ihren Sohn oder ihre Tochter zu und haben Sie dabei keine Sorgen oder Gewissensbisse.

Am besten kann ich Sie wohl mit Informationen zu diesem schwierigen und komplexen Thema versorgen, indem ich meine Testfamilien zu Wort kommen lasse. So bekommen Sie Erfahrungen und Gefühle aus erster Hand geliefert und ich bin mir sicher, dass Sie einige interessante Dinge erfahren werden. In diesem Teil des Buches sind die Aussagen der Eltern anonymisiert, damit sie ihre Gedanken ganz frei und ehrlich mitteilen können. Ich hoffe, dass Sie von diesen Aussagen profitieren und dadurch gestärkt werden.

habe ich ständig an sie gedacht. Ich wollte so schnell wie möglich nach Hause und behauptete sogar, ich sei spät dran, sodass die Friseurin ihre Arbeit gar nicht beenden konnte! Ich musste schnellstmöglich nach Hause, denn ich bekam wirklich Panik. ◀◀

....

....

Mutter von Hazel, 15 Monate

Mein erster Arbeitstag

▶▶ Schon beim Aufstehen war ich ein bisschen aufgeregt, denn ich wusste, dass der Tag X nun gekommen war. Ich habe Hazel für den Tag fertig gemacht und den ganzen Morgen ununterbrochen umarmt und geküsst. Als ich sie dann zu ihrer Oma ins Auto brachte … wow, was war das für ein flaues Gefühl im Magen! Ich habe sie ins Auto gesetzt, ihr noch ein Küsschen gegeben und dann die Tür hinter ihr zugemacht.

Besonders seltsam fühlte es sich an, das erste Mal seit bestimmt einem Jahr alleine in ein stilles, leeres Haus zurückzugehen. Als ich mich für die Arbeit fertig machte, kam es mir vor, als würde ich wie ein kopfloses Huhn durch die Wohnung laufen. Das unwohle, flaue Gefühl blieb, bis ich richtig im Job angekommen war, denn dann war ich zu beschäftigt, um noch an meine Tochter zu denken. Aber in jeder kurzen Pause musste ich an sie denken.

Als ich nach Hause kam, sagte mir ihre Oma, dass alles super gelaufen sei. Kein einziges Tränchen. Mir fiel ein Stein vom Herzen, aber unter diese Erleichterung mischte sich auch ein wenig Traurigkeit, dass sie mich gar nicht mehr rund um die Uhr brauchte. ◀◀

Mutter von Caitlyn, 3 Jahre, und Donovan, 1 Jahr

Es war so hart für mich!

▶▶ Die eigenen Gefühle können so stark sein, dass man richtig überrascht, ja nahezu überrollt wird. Damit hätte ich nie im Leben gerechnet. Als ich das erste Mal ohne meine Tochter verreisen musste, habe ich zwei Tage lang immer wieder geweint. Ich konnte noch nicht einmal mit ihr oder meiner Mutter, die auf sie aufgepasst hat, telefonieren. Es war einfach furchtbar schwer. ◀◀

Mutter von Lilly, 9 Monate

Ich wollte nur zurück zu ihr

▶▶ Als ich das erste Mal für ein paar Stunden ohne Lilly unterwegs war, war sie noch ganz, ganz klein und ich war vor lauter Sorge wie gelähmt. Ich war nur beim Friseur, aber die ganze Zeit über

....

Mutter von Madeline, 2 Jahre, und Benji,
7 Monate

Ich akzeptiere meine Gefühle

>> *Wenn meine Kinder nicht bei mir sind,
fühle ich mich leer und bin irgendwie unruhig, aber ich bin mir sicher, dass solche
Gefühle ganz normal für eine Mutter sind,
die ihre Kinder liebt. Die Beziehung zu den
eigenen Kindern gibt Sicherheit und nährt.
Ich habe mit meinen Gefühlen Frieden
geschlossen.* ‹‹

Vater von Owen, 5 Jahre, und Stephen,
3 Jahre

Sie fehlen mir!

>> *Ich hätte es nie geglaubt, aber zu Hause ist
es wirklich schrecklich still und irgendwie
seltsam, wenn meine Jungs nicht da sind.
Ich kann es meist kaum abwarten, bis sie
wieder zurück sind.* ‹‹

Mutter von Alasia, 4 Jahre, und Mattias,
2 Jahre

Eine Auszeit tut gut, aber meine Kinder fehlen mir dennoch

>> *Ich bin alleinerziehende Mutter von zwei
Kindern und habe praktisch gar keine Zeit
für mich. Vor kurzem kamen meine Eltern
vorbei und haben auf die Kinder aufgepasst, damit ich ein Wochenende wegfahren konnte – und kaum war ich aus der*

*Tür, fühlte ich mich unglaublich frei. Das
hielt aber nur eine Nacht lang an – in der
folgenden Nacht war ich traurig. Meine
Kinder fehlten mir so sehr. Ich hatte Spaß
und war wirklich froh, mal wieder durch-
schlafen zu können, aber ich gebe offen zu,
dass es mir erst wieder gut ging, als ich zu
Hause war.* ‹‹

Vater von Jacob, 8 Jahre

Er schläft jetzt im eigenen Zimmer – oje!

>> *Unser Sohn hat immer auf einer Matrat-
ze bei uns im Schlafzimmer geschlafen.
Vor dem Schlafen haben wir alle gelesen
und wenn ich das Licht ausmachte, ist er
immer geblieben. Seit kurzem macht er
das nicht mehr, sondern geht dann in sein
eigenes Zimmer. Ich dachte früher oft,
dass er doch eigentlich in seinem Zimmer
schlafen sollte, aber seitdem er es tatsächlich macht, bin ich wirklich überrascht,
wie sehr er mir fehlt.*

Mutter von Maria, 4 Jahre

Ich war noch nie ohne meine Tochter

>> *Bei der Umfrage zum Thema Trennungs-
angst musste ich alle Fragen mit „nie"
beantworten, denn ich war noch nie auf
Dienstreise, im Urlaub oder auch nur
eine Nacht ohne meine Tochter gewesen.
Das sagt ja schon mal einiges über meine
Trennungsangst.* ‹‹

Mutter von Lucas, 2 Jahre

Niemand kann besser auf Lucas aufpassen als ich

» *Meine Angst rührt daher, dass er bei niemandem so sicher ist wie bei mir, noch nicht einmal bei seinem Vater, denn alle anderen sind nicht so wachsam wie ich. Lucas ist sehr flink und neugierig und in Sekundenschnelle hat man ein Kleinkind aus den Augen verloren. Manchmal befürchte ich, dass sein Papa sich gerade unterhält oder etwas am Computer macht und gar nicht mitbekommt, dass Lucas etwas Interessantes, aber Gefährliches entdeckt hat. Ich atme jedes Mal auf, wenn wir am Ende des Tages alle gesund und munter zu Hause sind.* «

Mutter von Elisa, 18 Monate

Ich bin gerne für sie da

» *Als nicht berufstätige Mutter bin ich rund um die Uhr mit meiner Tochter zusammen. Niemand kennt sie so gut wie ich – ich verstehe die paar Worte, die sie sagt, und ich weiß, was sie braucht. Mir fällt es schwer, sie jemand anderem zu überlassen. Mein Kopf weiß natürlich, dass alles gut ist und meine Tochter auch gern mal mit anderen zusammen ist, aber mir tut es im Herzen weh, sie ein Stück weit loszulassen. Ehrlich gesagt genieße ich es auch, dass mein Kind mich braucht, denn ich wurde in meinem Leben noch nie so sehr gebraucht. Das ist kein Opfer. Und ich weiß, dass es nicht immer so sein wird, denn sie ist nur einmal klein.* «

Mutter von Lis Ann, 3 Jahre

Sie spürt meine Trennungsangst

» *Unser Hauptproblem ist meine eigene – nicht ihre – Trennungsangst. Ich weiß, dass Trennungsangst bei Kindern ganz normal ist, aber meine Gefühle spürt sie ja auch und das macht alles noch schlimmer. Mir fällt es richtig schwer, ohne sie zu sein. Für mich fühlt es sich so an, als würde ich sie im Stich lassen, wenn wir nicht zusammen sind, auch wenn ich natürlich weiß, dass dem nicht so ist.* «

Mutter von Nicolas, 4 Jahre

Fotos für mich

>> *Als mein erstes Kind mit zwei Jahren in den Kindergarten kam, hatte ich jeden Morgen Bauchschmerzen. Seine Erzieherin versuchte mich zu beruhigen, was für eine schöne Zeit er dort habe und dass er nur eine Minute weine. Sie wusste aber, dass ich weiterhin skeptisch war, und gab mir dann eine CD mit Fotos von meinem Sohn (von seinem Kindergartentag), auf denen er offensichtlich Spaß hatte. Ich schaute mir die Bilder an und konnte mir das ein oder andere Tränchen nicht verkneifen. Jetzt habe ich die Fotos als Bildschirmschoner auf meinem Arbeitscomputer und kann mir jeden Tag sein Lachen ansehen.* <*

Mutter von Isabella, 5 Jahre

Isabellas Pyjamaparty – schrecklich für mich!

>> *Meine fünfjährige Tochter war gerade auf ihrer ersten Pyjamaparty. Sie hat bei meinem Cousin übernachtet, dessen Tochter in ihrem Alter ist. Ich wollte eigentlich gar nicht, dass sie dort übernachtet. Obwohl ich wusste, dass es ihr gut ging und sie eine Menge Spaß hatte, habe ich die ganze Nacht kein Auge zugemacht, weil mir ohne sie etwas gefehlt hat.* <*

Mutter von Annika, 22 Monate

Trennungsangst ist auch für Eltern normal

>> *Eine gesunde Trennungsangst sieht bei den Eltern meiner Meinung nach so aus: Man genießt die Auszeit ohne Kind, vermisst es aber dennoch wie verrückt, redet die ganze Zeit nur von seinem Kind und freut sich selbstverständlich wahnsinnig auf das Wiedersehen.*

Fragebogen für die Testfamilien

Die Testfamilien haben einen Fragebogen dazu ausgefüllt, wie sie sich fühlen, wenn sie von ihren Kindern getrennt sind. Es kann ganz schön erleichternd sein, wenn man liest, dass auch andere Eltern ähnliche Gefühle haben. Die folgende Tabelle ist eine Zusammenfassung der Antworten:

Fragebogen an die Testeltern bezüglich ihrer eigenen Trennungsangst

Gefühl	Nie	Einmal	Manchmal	Oft
Ich war traurig, als ich ohne mein Kind war.	0%	0%	39%	61%
Ich machte mir Sorgen um mein Kind, obwohl es in guten Händen war.	0%	3%	42%	55%
Ich habe mich beeilt, so schnell wie möglich wieder bei meinem Kind zu sein.	10%	9%	40%	41%
Ich habe eine Ausrede vorgeschoben, um bei meinem Kind bleiben zu können.	16%	9%	35%	40%
Ich habe eine Einladung abgesagt, um bei meinem Kind bleiben zu können.	15%	6%	47%	32%
Ich habe mein Kind so vermisst, dass es mir körperlich weh tat (zum Beispiel Bauchschmerzen).	52%	8%	24%	16%
Ich bekam Schuldgefühle, als ich mein Kind weinend zurückließ.	5%	16%	29%	50%
Ich hatte das Gefühl, etwas Falsches zu tun.	26%	8%	29%	37%
Ich war von der Intensität meiner Gefühle überrascht.	9%	3%	45%	43%
Ich fühlte mich, als würde nur ich mein Kind verstehen.	8%	8%	41%	43%
Ich musste selbst weinen.	34%	37%	13%	16%
Ich war richtig erleichtert, als ich wieder bei meinem Kind war.	8%	3%	26%	63%

Tipps für Eltern, die unter Trennungsangst leiden

Ich vermute, dass Sie sich in einigen – wenn nicht sogar vielen – dieser Antworten wiedererkennen konnten. Die Testfamilien, die den Fragebogen beantwortet haben, kommen von überall her und haben Kinder in unterschiedlichen Altersklassen. Auch die Familienkonstellationen sind ganz unterschiedlich. Ich habe festgestellt, dass wir doch alle ähnlich ticken, egal wie verschieden wir sind. Wie Sie sehen, ist Trennungsangst auch bei Eltern etwas völlig Normales, was eine ganz schön große Herausforderung sein kann. Die folgenden Ideen sollen Sie unterstützen, Ihre eigene Trennungsangst im Zaum zu halten, egal ob sie sich nur unterschwellig oder sehr stark zeigt, ob sie von kurzer Dauer ist oder seit Jahren anhält.

Ein bisschen Trennungsangst ist gut

Versuchen Sie nicht, Ihre Gefühle zu unterdrücken, sie sind ja nicht ohne Grund da, sondern leiten Sie bei den Entscheidungen, wann Sie Ihr Kind bei wem lassen. Auch bei der Frage, ob Betreuungsperson und -ort passend für Ihr Kind sind, können Sie sich auf Ihr Bauchgefühl verlassen. Sie entfernen sich automatisch nie zu lange zu weit von Ihrem Kind und wissen so immer, ob irgendetwas Ihr Kind stört oder nicht stimmt.

Wenn Sie nicht bei Ihrem Kind sind, fühlen Sie einen Schmerz, der ein wichtiger Bestandteil der Liebe zu Ihrem Kind ist, die Sie tief im Herzen tragen. Er ist entscheidend für die Beziehung zu Ihrem Kind – die wichtigste Beziehung, die Ihr Kind in seinem ganzen Leben haben wird. Meiner Erfahrung nach entfernen sich Kinder, die von ihren Eltern so innig und inbrünstig geliebt werden, auch im Teenageralter nicht so weit von der Familie und kommen leichter durch die Pubertät. Also verdammen Sie Ihre innige Verbundenheit lieber nicht – sie gehört einfach zum liebevollen Elterndasein dazu.

Trennungen tun auch Ihrem Kind gut

Ihr mulmiges Gefühl rührt vermutlich auch daher, dass Sie der Meinung sind, niemand könne sich so gut um Ihr Kind kümmern wie Sie selbst. Und wissen Sie, was? Damit haben Sie sicherlich recht. Aber auch wenn andere Betreuungspersonen nicht haargenau so handeln wie Sie, wird Ihr Kind diese Unterschiede ganz sicher akzeptieren und damit klarkommen. Es ist sogar eine Bereicherung, wenn es im Leben Ihres Kindes mehr als nur Sie gibt. Außerdem ist es für Ihren Schatz auch eine tolle Erfahrung, dass anders nicht zwangsläufig schlechter bedeutet. Und es

ist auch einfacher, das schon ein bisschen früher zu lernen als später, wenn Ihr Kind älter ist, also nutzen Sie die Chance.

Beschäftigung ist alles!

So sehr Sie Ihren Sohn oder Ihre Tochter auch vermissen, das ist die Gelegenheit, Dinge zu tun, die mit Kind so nicht möglich sind. Also nutzen Sie die Zeit und verlieren Sie sich nicht in Grübeleien und Schuldgefühlen. Gehen Sie joggen, Rad fahren, essen, misten Sie Ihren Schrank aus, gehen Sie ins Nagelstudio oder shoppen. Machen Sie sich einen Plan, was Sie tun können, wenn Ihr Kind nicht da ist, damit Sie nicht unentschlossen und unmotiviert gar nichts tun.

Ist Ihr Kind regelmäßig länger weg, zum Beispiel nach einer Trennung beim anderen Elternteil, nutzen Sie diese Zeit, so gut es geht. Gehen Sie ins Fitnessstudio, belegen Sie einen Kurs, treffen Sie sich mit anderen, lernen Sie ein Instrument oder zeichnen, schreiben Sie ein Buch oder suchen Sie sich ein anderes Hobby. Schreiben Sie auf, was Sie gern tun würden, und hängen Sie diese Liste gut sichtbar auf. Wenn Sie ziellos durch die Wohnung schlurfen, wählen Sie einen Punkt von der Liste und legen Sie los!

Pflegen Sie Freundschaften

Bevor Sie Mutter oder Vater wurden, hatten Sie bestimmt mehr Zeit für Ihre Freunde. Freundschaften treten automatisch in den Hintergrund, wenn man Kinder hat. Aber jetzt wäre die Gelegenheit, diese Freundschaften wiederaufleben zu lassen und zu pflegen. Freunde mit kleinen Kindern bewegen ähnliche Themen wie Sie. Freunde mit älteren Kindern sind ein Geschenk des Himmels, denn sie können ihre Erfahrungen

mit Ihnen teilen. Kinderlose Freunde sind wichtig, damit Sie auch mal wieder aus Ihrem Elterndasein ausbrechen und sich über andere Themen unterhalten können.

Halten Sie Ihre Gefühle im Zaum

Kinder haben sehr feine Antennen. Wenn Sie aufgrund der Trennung unsicher und besorgt sind, spüren die Kleinen das ganz genau. Ständige Liebesbekundungen sind aber auch nicht gut, genauso wie leidenschaftliche Versprechungen, bald wieder zurück zu sein. Seien Sie bei der Verabschiedung lieber optimistisch und gelassen. Und sollten Sie weiterhin Zweifel haben, halten Sie diese zurück, bis Sie die Tür hinter sich geschlossen haben.

Planen Sie etwas Schönes für das Wiedersehen

Planen Sie etwas Besonderes oder auch nur gemeinsame Zeit zum Spielen ein, wenn Sie und Ihr Kind wieder zusammen sind. Wenn Sie etwas Konkretes vorhaben, können Sie sich schon vorstellen, wie schön das mit Ihrem Kind zusammen sein wird. Sie können sich besser auf Ihre Tätigkeiten konzentrieren und sich auf das Wiedersehen freuen, wenn es ein bestimmtes Ziel gibt.

Manchmal haben Eltern Gewissensbisse, weil sie die Zeit mit ihren Kindern nicht voll und ganz ausgekostet haben. Sie hatten oft andere Dinge im Kopf und konnten sich nicht ausschließlich auf ihr Kind und die gemeinsame Zeit konzentrieren (das nennt man übrigens „das Leben"). Ein klarer Plan für die Zeit der Trennung hilft Ihnen dabei, besser loszulassen und die Zeit zu genießen. Auch Ihrem Kind hilft das, denn so hat es mehr von Ihnen, wenn Sie wieder da sind.

Trennungsangst-Störungen

Trennungsangst gehört zur kindlichen Entwicklung dazu, aber manchmal nimmt sie größere Ausmaße an. Dann sollten Sie sich professionelle Hilfe holen.

Trennungsangst kann Familien vor eine große Herausforderung stellen. Keine Frage, es ist nicht leicht, wenn Ihr Kind weint, sich an Sie klammert und einen Wutanfall bekommt, weil Sie es von sich lösen wollen. Tränen zum Abschied oder ein trauriges Gesicht am Fenster lassen kein Elternherz kalt. Aber mit Informationen, Tipps und Lösungsvorschlägen überstehen die meisten Eltern und Kinder diese Momente gut. Trennungsangst gehört für die meisten Kinder zum Leben dazu und in diesem Buch finden Sie zahlreiche Vorschläge, wie Sie Ihren Sohn oder Ihre Tochter durch diese Phase begleiten können.

„Angst" ist ein vager Begriff, der häufig benutzt wird, aber er hat auch eine streng wissenschaftliche Bedeutung. Im Bereich der Psychologie steht Angst für Gedanken, Gefühle und Verhaltensweisen, die auftreten, wenn ein Mensch sich in Situationen in ernster Gefahr wähnt, die andere Menschen nicht als gefährlich einstufen. Angst bedeutet, dass man befürchtet, jeden Moment

könnte etwas richtig, richtig Schlimmes passieren.

Bei der typischen Trennungsangst gibt es auch immer mal wieder heftigere Momente, aber manche Kinder überschreiten den Grat zwischen normaler Trennungsangst und einem medizinischen Problem namens „Emotionale Störung mit Trennungsangst des Kindesalters", das schwerwiegender ist und länger andauert. Diese Störung muss ärztlich diagnostiziert und behandelt werden.

Emotionale Störung mit Trennungsangst des Kindesalters

Bei Kindern, die an einer Emotionalen Störung mit Trennungsangst des Kindesalters leiden, zeigen die Ideen aus diesem Buch womöglich keine Wirkung. Vielleicht probieren Sie es monatelang aus, aber nichts ändert sich. Kinder, die an normaler Trennungsangst leiden, zeigen zwar ähnliche Verhaltensweisen, aber wenn Sie meine

- Schreckliche Angst vor dem Alleinsein.
- Panik, wenn ein Elternteil aus dem Zimmer oder der Wohnung geht.
- Weint bei einer Trennung immer wieder und so lange, bis die Eltern wieder da sind.
- Braucht ständigen Körperkontakt zu den Eltern, zum Beispiel durch Klammern, Festhalten oder indem es den Eltern auf Schritt und Tritt folgt.
- Ständige Angst, von den Eltern getrennt oder verlassen zu werden.
- Übermäßig große Angst, dass die Eltern krank werden, sich verletzen oder sterben könnten.
- Klagt über diffuse körperliche Symptome wie Bauch- oder Kopfschmerzen.
- Ist schon wegen Trennungen besorgt und gestresst, die noch gar nicht anstehen.
- Hat bereits alleine geschlafen, weigert sich aber neuerdings vehement.
- Regelmäßige Albträume, die mit Trennungen und Gefahren zu tun haben.
- Neue Angstanfälle, die nach einem einschneidenden Erlebnis auftreten und nicht von selbst verschwinden, zum Beispiel nach einem Krankenhausaufenthalt, dem Tod eines nahen Angehörigen, Freundes oder Haustieres oder einem Umzug.
- Weigert sich vehement, zur Tagesmutter, in den Kindergarten oder zur Schule zu gehen, oder findet immer wieder Ausreden, nicht gehen zu müssen.

Tipps befolgen, bessert es sich für gewöhnlich in ein bis zwei Monaten. Wenn Sie sich bezüglich des Verhaltens Ihres Kindes Sorgen machen, sprechen Sie mit Ihrem Kinderarzt. Die folgende Liste soll Ihnen dabei helfen, abzuwägen, ob Ihr Kind professionelle Hilfe braucht, und kann auch im Gespräch mit Fachpersonal nützlich sein, wenn Sie gemeinsam überlegen, wie Sie Ihrem Kind bei seiner Trennungsangst helfen können.

Kinder, die die folgenden Anzeichen einer Emotionalen Störung mit Trennungsangst des Kindesalters zeigen, können von der Unterstützung durch Fachpersonen profitieren:

Trennungsangst-Störungen – gar nicht so selten

Im Alter zwischen sechs Monaten und sechs Jahren haben fast alle Kinder Phasen normaler Trennungsangst. Jedoch nur 4 bis 6 Prozent aller Kinder zwischen sechs und elf Jahren und 1 bis 2 Prozent aller Teenager leiden an einer Trennungsangst-Störung. Mädchen und Jungen sind gleichermaßen betroffen. Nur äußerst selten kommt es noch im Erwachsenenalter zu Trennungsangst-Störungen und fast alle Betroffenen gelten später als komplett geheilt.

- Will (im Alter von sechs Jahren oder älter) nicht zu anderen Kindern zum Spielen gehen, an keinen Ausflügen, Geburtstagsfeiern oder anderen Veranstaltungen teilnehmen.
- Obwohl Sie die Vorschläge aus diesem Buch mindestens einen Monat lang ausprobiert haben, bessert sich die Trennungsangst nicht, sondern wird vielleicht sogar noch schlimmer.
- Ein Elternteil leidet aktuell unter Angststörungen oder litt als Kind an Emotionalen Störungen mit Trennungsangst des Kindesalters.

Behandlung und Therapie

Es gibt verschiedene Ansätze in der Behandlung von Trennungsangst-Störungen. Die passende Methode variiert von Kind zu Kind und von Familie zu Familie. Hier sind einige der am häufigsten angewendeten Methoden:

Spieltherapie. Ein ausgebildeter Therapeut setzt Spielzeug, Puppen, Gesellschaftsspiele oder Kunst ein, damit das Kind seine Gefühle leichter ausdrücken und lernen kann, wie es anders mit seinen Ängsten umgehen kann.

Familientherapie. Eltern und Therapeuten arbeiten eng zusammen und erstellen einen Plan, wie sie mit dem Kind arbeiten.

Kognitive Verhaltenstherapie. Diese Therapieform eignet sich für ältere Kinder und beruht auf Einzelsitzungen, bei denen nur Kind und Therapeut anwesend sind. Im Verlauf mehrerer Sitzungen lernt das Kind, wie es angstbedingte Gedanken und Verhaltensweisen kontrollieren und passende Bewältigungsstrategien einsetzen kann.

Alternative Therapien. Auch im alternativen Sektor gibt es unterschiedliche Therapiemöglichkeiten, beispielsweise Akupunktur, Meditation, Massage und Biofeedback.

Wer hilft?

Wenn Sie vermuten, dass Ihr Kind an einer Trennungsangst-Störung leiden könnte, konsultieren Sie am besten eine Fachperson, die auf Kinder spezialisiert ist. Diese kann Ihnen helfen zu entscheiden, ob Ihr Kind eine Therapie benötigt. Als Erstes sollten Sie Ihrem Kinderarzt Situation und Symptome schildern. Er kann mögliche organische Ursachen ausschließen und Sie an einen entsprechenden Facharzt oder Therapeuten weiterverweisen.

Eine gute Anlaufstelle für Tipps und Empfehlungen sind Kinderarzt, Tagesmutter, Erzieher, Lehrer oder auch das Schulamt.

Die Testfamilien

Während dieses Buch entstand, bekam ich Anregungen, Ideen, Rückmeldungen, Fragen und wunderbare Fotos von einer unglaublich tollen Gruppe von Testfamilien. Diese 246 Menschen (Eltern von insgesamt 358 Kindern) ließen mich einen Blick in die Trennungsproblematik ihrer Familie und auf gelungene Lösungswege werfen.

Die Testfamilien kommen aus vielen verschiedenen Ländern und stehen stellvertretend für unterschiedliche Familienkonstellationen: junge Eltern, ältere Eltern, verheiratete, alleinerziehende, unverheiratete Paare, homosexuelle Paare, Großeltern. Bei manchen sind beide Elternteile berufstätig, bei anderen nur Vater oder Mutter; die Familien haben ein bis fünf Kinder, manche haben Zwillinge und/oder Adoptivkinder in verschiedenen Altersstufen; es sind auch Familien mit verschiedenen Nationalitäten oder aus verschiedenen Kulturkreisen vertreten. Die – wie ich sie liebevoll nenne – Testmamis und Testpapis sind mir im Laufe der Zeit zu Freunden geworden und ich glaube, dass ich genau so viel von ihnen gelernt habe wie sie von mir. Sie sind ein bunt gemischter Haufen, wie man an der folgenden Liste sehen kann:

- 155 aus den USA (Alabama, Alaska, Arizona, Colorado, Connecticut, Florida, Georgia, Illinois, Indiana, Iowa, Kalifornien, Kansas, Kentucky, Maryland, Massachusetts, Michigan, Minnesota, Missouri, Nevada, New Hampshire, New Jersey, New York, North Carolina, North Dakota, Oklahoma, Oregon, Pennsylvania, Rhode Island, South Carolina, Tennessee, Texas, Utah, Vermont, Virginia, Washington und Wisconsin)
- 31 aus Kanada (Alberta, British Columbia, Manitoba, New Brunswick, Nova Scotia, Ontario, Quebec, Saskatchewan und Yukon)
- 13 aus Australien (Adelaide, Albion Park, Bayswater, Canberra, Hawthorn, Jerrabomberra, Melbourne, Mitchell Park, Naremburn, Newman, Perth, Victoria und Wellington)
- 10 aus Großbritannien (Cornwall, London, Norfolk, Suffolk und Surrey in England; Edinburgh in Schottland; Cardiff in Wales)
- 7 aus Südafrika (Grahamstown, Kapstadt und Pretoria)
- 3 aus Deutschland (Filderstadt, Köln und München)
- 2 aus Belgien (Lummen und Vosselaar)
- 2 aus Israel (Jerusalem und Nof Ayalon)
- 2 aus Neuseeland (Hibiscus Coast)
- 2 aus den Niederlanden (Urmond und Valkenswaard)
- 2 aus Schweden (Karlshamn und Olofström)
- 2 aus Slowenien (Notranje Gorice)
- 2 aus Spanien (Palma de Mallora und Valencia)
- 2 aus der Türkei (Istanbul)
- 1 aus Ägypten (Kairo)
- 1 aus Argentinien (Buenos Aires)
- 1 aus Brasilien (Rio de Janeiro)
- 1 aus Frankreich (Aigrefeuille-sur-Maine)
- 1 aus Italien (Pergine)
- 1 aus Kroatien (Bale)
- 1 aus Norwegen (Oswald)
- 1 von den Philippinen (Mandaluyong)
- 1 aus Portugal (Estoril)
- 1 aus Singapur
- 1 aus Zypern (Limassol)

**Die Gruppe der getesteten Kinder setzt sich
wie folgt zusammen:**

- 176 Mädchen
- 182 Jungen
- 8 Zwillingspaare
- 71 Babys (0 bis 12 Monate alt)
- 169 Kleinkinder (ein bis drei Jahre alt)
- 82 Kindergartenkinder (drei bis sechs
  Jahre alt)

Stichwortverzeichnis

Dank

Mein Dank geht an all die Menschen, die mein Leben einfacher und schöner machen, indem sie mich auf viele verschiedene Arten unterstützen:

Judith McCarthy, meine geschätzte, treue Lektorin, die mich immer wieder anspornt.

Das gesamte wundervolle Team von McGraw-Hill, darunter Ann, Donna, Doug, Eileen, Elizabeth, Fiona, Gigi, Greg, Heather, James, Julia, Katherine, Keith, Kenya, Kim, Lizz, Lynda, Marisa, Mary, Therese, Pat, Peter, Philip, Robyn, Sally, Shinoa, Sue, Susan, Terrence, Tom, Yin und alle, mit denen ich zwar nicht direkt zusammenarbeite, deren Arbeit ich aber sehr schätze. Dieses tolle Team hilft beim Entstehen und bei der Vermarktung meiner Bücher mit und gemeinsam feiern wir hiermit mein zehntes Buch sowie Übersetzungen in vierundzwanzig Sprachen. Ich weiß, ich habe den allerbesten Verlag, den man sich wünschen kann.

Meredith Bernstein von der Meredith Bernstein Literary Agency: Freundin, Ratgeberin und außergewöhnliche Literaturagentin.

Patti „Die Wunderbare" Hughes: meine unglaubliche, enthusiastische, alles-mit-einem-Lächeln-erledigende-und-darüber-hinaus-noch-Plätzchen-backende Assistentin.

Meinen Mann Robert: Partner, Freund und Seelenverwandter seit nunmehr 26 glücklichen Jahren und hoffentlich noch sehr lange.

Meine geliebten Kinder, mein Lebensglück und meine Inspiration; ich bin so stolz auf euch: Angela, Vanessa, David und Coleton.

Meine Familie und meine besten Freunde, der Schlüssel zu meiner Zufriedenheit und meinem Glück: Mom, Michelle, Loren, Sarah, Nicholas, Renée, Tom, Amber, Matthew, Devin, Tyler, Wyatt, Joan und Rona.

Alle Leserinnen und Leser, die mir geschrieben und von ihren geliebten Kindern berichtet haben. Ich fühle mich euch allen freundschaftlich verbunden und schätze eure Briefe sehr.

Die Testmütter, -väter und -kinder der Trennungsangst-Gruppe. Vielen Dank, dass ich an einem Teil eures Lebens teilhaben durfte.

... mehr liebevolle Erziehungstipps

Die Amerikanerin Elizabeth Pantley gilt inzwischen als *die* Expertin für Babys und Kinder. Millionen Eltern schwören auf ihre bewährten undogmatischen Tipps.

Elizabeth Pantley
Schlafen statt Schreien
€ 17,99 [D] / € 18,50 [A]
ISBN 978-3-8304-8004-4

Elizabeth Pantley
Ketchupmonster und Erbsenpicker
€ 9,99 [D] / € 10,30 [A]
ISBN 978-3-8304-8280-2

Wissen, was gut tut. 🌳 **TRIAS**

Mit Lotta durchs Leben

Ob einfach nicht ins Bett wollen oder das berühmte
„Ich mag nicht" ... Lottas Blick auf die Welt müssen
Eltern einfach verstehen. Deshalb erzählt Lotta in ihrer
bewährten Art, wie es geht: mit viel Liebe!

Aylin Lenbet
Was Lotta alles kann
€ 19,99 [D] / € 20,60 [A]
ISBN 978-3-432-10039-5
Alle Titel auch als E-Book

Edith Gätjen
Lotta lernt essen
€ 14,99 [D] / € 15,50 [A]
ISBN 978-3-8304-3865-6